地域経済の
振興と
中小企業

日本政策金融公庫総合研究所 編

刊行にあたって

　「地方創生」のかけ声のもと、2016年3月末までに、ほとんどの地方自治体が地方版総合戦略を策定した。今後は戦略に盛り込まれた事業が実施される。過去にも全国総合開発計画をはじめとする地域政策が策定され、経済振興に取り組む地域も少なくなかった。しかし、現在がその時代と異なるのは、人口減少下における地域振興であるということだ。このため地域間競争は激しくなり、事業の企画や運営の巧拙がその成果を大きく左右することになる。

　当研究所では、このような時代における地域振興のあり方を探るために実態調査を行った。本書はその調査結果をまとめたものである。

　本書は3章構成となっている。第1章では、地域経済がどのような問題点を抱え、どのような地域振興活動に取り組んでいるのかを商工会・商工会議所へのアンケートによって概観した。第2章では、それらの活動のうち、中小企業やその経営者が取り組んでいる活動に注目した。中小企業は地域経済、とりわけ地方圏で大きなウェイトを占めていることから、地域振興の担い手として重要な役割を果たしていると考えたからだ。第3章は事例編である。9地域の事例をもとに成功要因を探った。

　本書が地域振興を担う関係諸機関の皆さまに、多少なりとも役立てば幸いである。

　調査にあたっては、中小企業経営者、行政関係者、商工会・商工会議所など多くの方々にご協力いただいた。改めて厚くお礼申し上げる。

　2016年6月

日本政策金融公庫総合研究所

所長　青木　亮一

目　次

第1章　地域経済が抱える問題点と経済振興への取り組み状況 ······· 1

1　人口と事業所数が減少する地域 ································· 3

2　地域経済の現状と問題点 ·································· 11

　（1）地域経済の現状 ·· 12

　（2）地域経済が抱える問題点 ······························· 14

3　地域経済振興の取り組み ·································· 18

第2章　地域経済の振興に取り組む中小企業 ······················ 23

1　地域経済振興活動への取り組み状況 ······················· 26

　（1）中小企業の取り組み割合と活動の種類 ··················· 26

　（2）企業・経営者の属性別にみた取り組み状況 ··············· 26

　（3）企業の立地別にみた取り組み割合 ······················ 32

　（4）地域経済振興活動に取り組まない理由 ··················· 33

　（5）取り組み状況に関する計量分析 ························· 36

2　取り組みの動機 ··· 41

3　活動の成果を左右する要因 ································ 44

　（1）70.8%が成果に積極的な評価 ·························· 45

　（2）活動の種類別にみた成果 ······························ 45

　（3）企業・経営者の属性別にみた成果 ······················ 45

　（4）地域の属性別にみた成果 ······························ 47

　（5）公的な補助金や助成金の利用状況 ······················ 50

　（6）活動に不足している要素 ······························ 51

　（7）活動の成果に関する計量分析 ·························· 53

　（8）【事例】中心市街地にホテルを誘致〜島根県江津市 ·········· 59

4　まとめ ··· 63

iii

第3章　事例編 ……………………………………………… 65

【総　論】地域振興活動のキーワード …………………………………… 67

【事例1】冷凍枝豆で中札内ブランドをアピール

北海道中札内村 ……… 81

【事例2】雫石から全国に広がる軽トラ市

岩手県雫石町 ……… 93

【事例3】人口450人、小さな村の挑戦

和歌山県北山村 ……… 105

【事例4】ビジネスプランコンテストで地域を元気にする人材を輩出する

島根県江津市 ……… 121

【事例5】過疎のまちに生まれる多様な取り組み

島根県美郷町 ……… 153

【事例6】地域の企業が連携して人材の定着に取り組む

広島県安芸高田市 ……… 171

【事例7】島民一人ひとりの思いがつくる離島の未来

愛媛県上島町 ……… 183

【事例8】大学の誘致で地場産業振興を目指す

愛媛県四国中央市 ……… 203

【事例9】地域資源の活用を先導する第三セクター

高知県土佐清水市 ……… 215

資料編 …………………………………………………………… 229

資料1　地域経済の振興に取り組む中小企業に関するアンケート ……………… 231

資料2　集計ウェイトの作成について ………………………………………… 241

資料3　アンケート回答企業の主な属性等 …………………………………… 243

第1章

地域経済が抱える問題点と
経済振興への取り組み状況

日本政策金融公庫総合研究所
主席研究員　村上 義昭

第1章　地域経済が抱える問題点と経済振興への取り組み状況 ｜ 3

　「地方創生」の気運の高まりともに、地域経済の振興に取り組む地域は増えているはずだ。しかし、地域経済はどのような問題点を抱え、どのような活動に取り組んでいるのか、といったことは必ずしも明らかではない。そこで、地域経済の実態等に熟知している商工会・商工会議所を対象として、地域経済の現状と地域経済を振興する活動についてアンケート調査を行った。

　本章では、公的統計をもとに地域経済の状況を概観したうえで、商工会・商工会議所へのアンケート調査についてみていくことにする。

①　人口と事業所数が減少する地域

　2015年10月1日現在、全国に1,741の市区町村が存在する[1]。この市区町村を単位として、人口、事業所数、従業者数の時系列変化をもとに地域の状況を概観しよう。

　図1－1は5年ごとの人口増加率について、市区町村の分布をみたものである。5年前と比べて人口が減少した市区町村の割合は2000年時点ですでに61.7％と過半を占めているが、時間の経過とともにこの割合は高まり、2015年には81.4％にものぼっている。分布の形状も次第に左方へシフトしている様子がうかがえる。とりわけ2010年には左方シフトの幅が大きい。2005年から2010年にかけて、多くの市区町村で人口減少が加速したといえる。

　2015年時点の人口増加率の分布を人口規模（2015年）別にみると、予想されたとおりではあるが、人口規模の小さい市区町村ほど明らかに人口増加率が低い（＝人口減少率が高い）（図1－2）。5万人未満の市区

───────────────
1　東京特別区部を含み、政令指定都市の区は含まない。

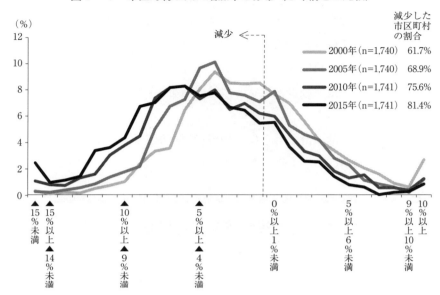

図1−1 市区町村の人口増加率の分布（5年前との比較）

資料：総務省「国勢調査」（以下、図1−3まで同じ）
（注）1 合併市区町村については、データを遡及して合算し、時系列比較した。
    2 2000年の国勢調査では東京都三宅村は調査されていない。
    3 2015年の人口は速報値を利用した。

町村では、人口が減少した市区町村の割合は90.0％にものぼる。

ただし、5万人未満の市区町村にも、人口が増加したところはある[2]。人口規模が小さくても大都市の経済圏に含まれるところもあることから、人口規模だけで地域の状況を一律に論じることはできないだろう[3]。

そこで、地域圏区分別に2015年時点の人口増加率をみると、やはり予想されたとおりではあるが、地方圏に立地する市区町村では明らかに人

---

[2] 例えば10％以上増加したのは、茨城県つくばみらい市（人口4万9,146人、人口増加率10.5％）、福岡県新宮町（同3万339人、22.9％）など9市町村である。
[3] いわゆる「平成の大合併」によって多くの市町村が合併したことも、人口規模だけでは地域の状況を一律に論じにくい理由としてあげられる。

第1章 地域経済が抱える問題点と経済振興への取り組み状況 | 5

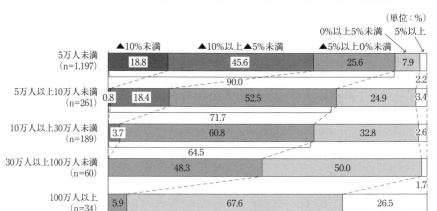

(注) 1　図1−1の（注）1、3と同じ。
　　 2　人口規模は2015年の人口による。
　　 3　東京特別区部は「100万人以上」に含めた。

口増加率が低い（図1−3）[4]。むしろ、大都市圏周辺市町村や都市圏であっても人口が減少しているところが半数を超えていることに注目するべきかもしれない[5]。

図1−4は、事業所数増加率と従業者数増加率の分布をみたものである。2009年と比べて2014年の事業所数が減少した市区町村の割合は93.6％にものぼる。また従業者数が減少した市区町村の割合は74.4％である。従業者数のほうが事業所数よりも増加率が高い（＝減少率が低い）ことから、従業者規模の小さな事業所が主に姿を消しているものと思われる。

事業所数増加率の分布を人口規模（2015年）別にみると、人口規模の小さい市区町村ほど増加率がおおむね低い（＝減少率が高い）という傾

---

[4] 地域圏区分の定義については資料編資料3の参考2を参照。
[5] 例えば、大都市圏周辺市町村では北海道小樽市（人口12万1,910人、人口増加率▲7.6％）、大阪府門真市（同12万2,808人、▲5.7％）、福岡県大牟田市（同11万7,413人、▲5.0％）など。

図1-3　5年前と比較した人口増加率の分布（2015年、地域圏区分別）

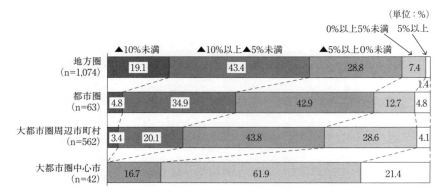

(注) 1　図1-1の（注）1、3と同じ。
　　 2　地域圏区分については資料編資料3の参考2を参照。

図1-4　市区町村の事業所数、従業者数の増加率の分布（2009年→2014年）

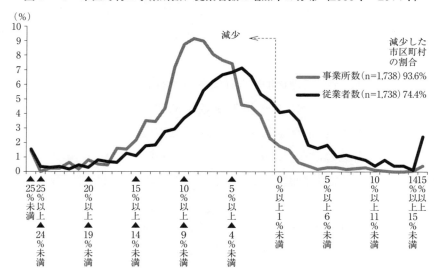

資料：総務省「経済センサス－基礎調査」（以下、図1-8まで同じ）
(注) 1　図1-1の（注）1と同じ。
　　 2　事業所数、従業者数はそれぞれ事業内容等不詳、性別不詳を除く数値である。
　　 3　2014年の調査では福島県の3町村（大熊町、双葉町、葛尾村）は調査されていない。

向がみられる（図1‐5）。また地域圏区分別では、地方圏では明らか
に増加率が低い（図1‐6）。ただし、増加率が「0％以上」、つまり事
業所数が5年間で増加している市区町村の割合は、人口30万人以上100
万人未満の市区町村で3.3％、同100万人以上で14.7％に過ぎない。同様
に、大都市圏周辺市町村では9.6％、大都市圏中心市においても11.9％に
過ぎない。人口規模や地域圏区分にかかわらず、ほとんどの市区町村で
事業所数は減少しているということになる。人口規模や地域圏区分で異
なるのは、減少度合いの大きさである。

　従業者数増加率についても、人口規模の小さい市区町村や地方圏に立
地する市区町村では増加率がおおむね低いという傾向がみられる（図1
‐7、8）。

　ここまでみてきた三つの指標は、地域の成長性をさまざまな角度から
測定したものであるといえるだろう。人口増加率は消費市場や労働力の
供給などの成長を意味する。事業所数増加率は地域における開廃業活動
を反映する。従業者数増加率は地域に生み出された雇用の大きさを意味
する。だとすれば、この三つの指標を合成すれば地域の成長力を代理す
る指標となるだろう。

　そこで、これら3指標を主成分分析して得られた第1主成分のスコア
を、地域の直近5年間の成長力を示す指標とみなすことにしよう[6]。その
分布は図1‐9のとおりである。主成分スコアが大きい市区町村ほど、
成長力が相対的に高いことを意味する。図示しているように、主成分ス
コアの順番にそれぞれにほぼ同数の市区町村が含まれる4グループを作
成し、主成分スコアが低い方から第1分位～第4分位とする。そのうえ
で、人口規模別に分布をみたのが図1‐10である。また、地域圏区分別

────────────

6　第1主成分の寄与率は0.774である。つまり、すべての情報のうち77.4％を第1主成分
　によって説明できることになる。

図1－5　5年前と比較した事業所数増加率の分布（2014年、人口規模別）

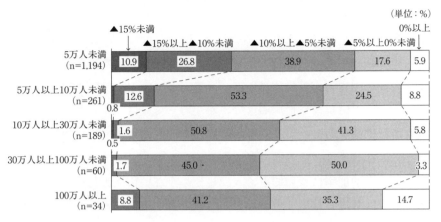

(注) 図1－4と同じ。

図1－6　5年前と比較した事業所数増加率の分布（2014年、地域圏区分別）

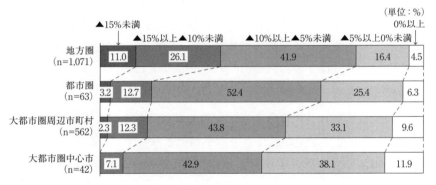

(注) 図1－3の(注)2および図1－4の(注)と同じ。

の分布は図1－11のとおりである。当然のことながら、これまでの3指標と同じように、人口規模の小さい市区町村や地方圏に立地する市区町村では成長力が低い傾向にある。ただし、人口5万人以上10万人未満、10万人以上30万人未満の市区町村であっても、相対的に成長力が低いグ

図1－7　5年前と比較した従業者数増加率の分布（2014年、人口規模別）

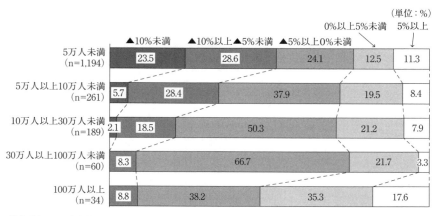

（注）図1－4と同じ。

図1－8　5年前と比較した従業者数増加率の分布（2014年、地域圏区分別）

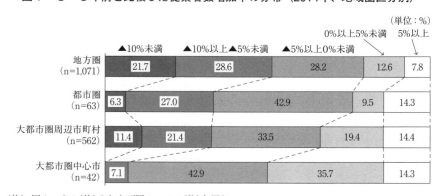

（注）図1－3の（注）2および図1－4の（注）と同じ。

ループである「第1分位」「第2分位」に属する市区町村は一定割合存在する。都市圏、大都市圏周辺市町村に立地する市区町村についても同様である。地域経済を振興しなければならないのは、過疎地域のような特定の地域にとどまらず、広い地域に及んでいるといえないだろうか。

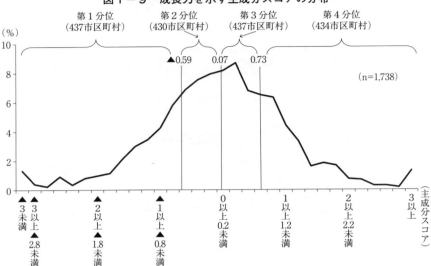

図1-9 成長力を示す主成分スコアの分布

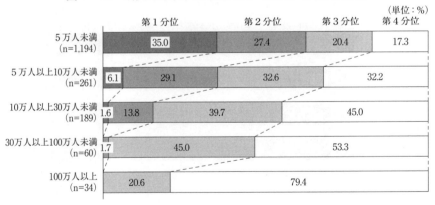

図1-10 成長力を示す主成分スコアの分布（人口規模別）

(注) 図1-2と同じ。

　そこで、次にこうした地域経済においては何が問題になっているのか、そして地域経済を振興するためにどのような活動が取り組まれているのかをみていくことにしたい。

図1-11 成長力を示す主成分スコアの分布（地域圏区分別）

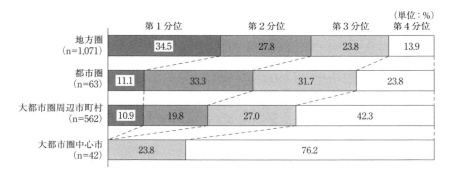

（注）図1-3の（注）2と同じ。

② 地域経済の現状と問題点

　以下では、商工会・商工会議所を対象に行ったアンケート調査をもとにみていくことにする。商工会・商工会議所を調査対象としたのは、地域に密着しておりその実情等を熟知していることに加え、合併市町村においては旧市町村を管轄地域とする商工会・商工会議所が存在していることが多く、「地域」を実際の経済活動の範囲に即した単位でとらえることができると考えたからである。

　当調査では、①人口100万人以上の都市に立地する商工会・商工会議所、②原子力災害対策特別措置法第20条第2項の規定に基づいて設置された帰還困難区域、居住制限区域、避難指示解除準備区域を含む市町村に立地する商工会・商工会議所を除く全国の商工会・商工会議所2,141組織にアンケート票を送付し、1,553組織から回答を得たものである（詳細は「アンケート調査の実施要領」を参照）。

> **アンケート調査の実施要領**
> 名　　称：「地域経済の現状と経済振興の取り組みに関するアンケート」
> 調査時点：2015年9月
> 調査対象：全国の商工会・商工会議所のうち、次の①、②を除く2,141組織
> 　　　　　①人口100万人以上の都市に立地する商工会・商工会議所（38組織）
> 　　　　　②原子力災害対策特別措置法第20条第2項の規定に基づいて設定さ
> 　　　　　　れた帰還困難区域、居住制限区域、避難指示解除準備区域を含む
> 　　　　　　市町村に立地する商工会・商工会議所（12組織）
> 調査方法：調査票の送付・回収ともに郵送
> 回 収 数：1,553組織（回収率72.5％）

　集計にあたっては、立地する市町村の属性によって、商工会・商工会議所を次のように分類した（図1－12）。先にみたように、地域の成長力は人口規模と地域圏区分によって大きな違いがみられることから、両者を用いて作成した、「地方圏・5万人未満」「地方圏・5万人以上」「大都市圏・5万人未満」「大都市圏・5万人以上」の四つの地域分類である。このうち「地方圏・5万人未満」に属する商工会・商工会議所の割合は43.6％であり、最も多い（図1－13）。

　では、商工会・商工会議所は地域経済の現状や問題点をどのように認識しているのだろうか。順を追ってみていこう。

(1) 地域経済の現状

　アンケート調査では、地域経済の現状として地域の発展段階を尋ねている。全体では「発展している」とする回答割合は2.8％に過ぎず、「縮小している」が58.9％と過半を占める（図1－14）。地域分類別にみると、「縮小している」の割合は地方圏・5万人未満の地域が66.2％と最も高く、地方圏・5万人以上の地域が62.2％、大都市圏・5万人未満の地域が55.3％と続く。大都市圏・5万人以上の地域は42.5％と最も低い。

　ちなみに、先に算出した成長力を示す主成分スコアとクロスすると、

図1−12　人口規模と地域圏区分による地域分類

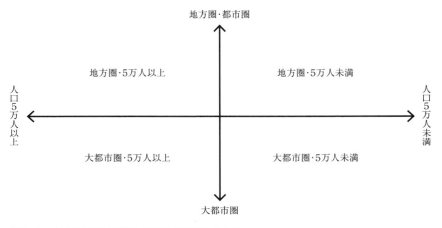

(注) 1　人口規模は国勢調査（2015年速報値）による。
　　 2　地域圏区分については資料編資料3の参考2を参照。

図1−13　地域分類の分布

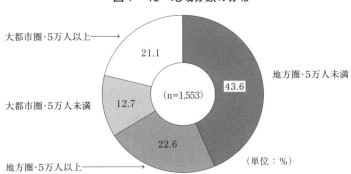

資料：日本政策金融公庫「地域経済の現状と経済振興の取り組みに関するアンケート」（以下同じ）

　成長力が最も低い地域である第1分位では「縮小している」が85.2％にものぼり、逆に成長力が最も高い第4分位では36.4％にとどまる。主成分スコアは地域における認識とほぼ一致しているといえるだろう。

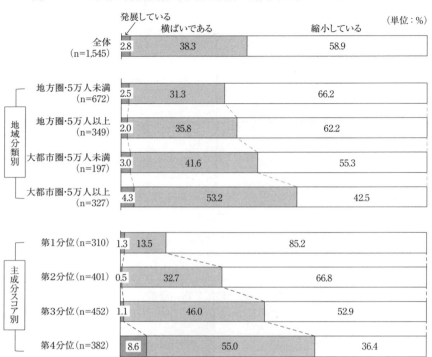

図1-14 地域の発展段階（地域分類別、成長力を示す主成分スコア別）

(2) 地域経済が抱える問題点

次に、地域経済が抱える問題点をみていこう。アンケート調査では10年前と現在の問題点を尋ねている。

現在の問題点として、「高齢化の進展」を指摘する割合が最も高く89.8％にのぼり、「人口の自然減」（63.7％）、「企業の廃業・倒産が多い」（57.5％）が続く（図1-15）。

これらを六つの問題群に分類すると、「人口問題」を指摘する割合は92.5％にのぼり、ほとんどの地域で問題点として指摘されている。また

第1章 地域経済が抱える問題点と経済振興への取り組み状況 | 15

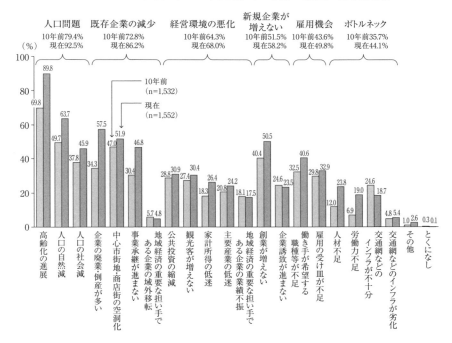

図1−15 地域経済が抱える問題点（10年前と現在）（複数回答）

（注）カテゴリーの回答割合は、各カテゴリーに属する問題点を一つ以上選択した割合である。

「既存企業の減少」も86.2％にのぼる。これを地域区分別にみると、「人口問題」をあげる割合はいずれの地域分類でも高水準である（図1−16）。とりわけ、地方圏・5万人未満の地域では95.6％にものぼる。「既存企業の減少」をあげる割合も高水準であり、地域区分による差は小さい。一方、「経営環境の悪化」は人口規模にかかわらず地方圏の方が大都市圏よりも高い。また、「雇用機会」については、地方圏・5万人未満の地域が高く、大都市圏・5万人以上の地域が低いという傾向的な差がみられる。

　10年前と現在の問題点を比較すると、ほとんどの項目で問題点として

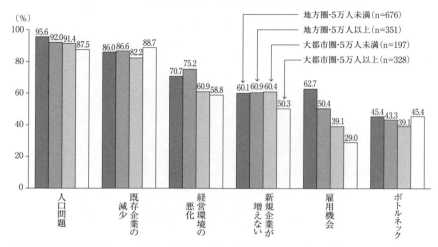

図1−16 地域経済が抱える問題点（現在）（複数回答）

（注）問題点の分類は図1−15と同じ。ただし、「その他」「とくになし」は省略した。

指摘する割合が高まっている（前掲図1−15）。なかでも「企業の廃業・倒産が多い」（10年前34.3％→現在57.5％、23.2ポイント増）、「高齢化の進展」（同69.8％→89.8％、20.0ポイント増）、「事業承継が進まない」（同30.4％→46.8％、16.4ポイント増）、「人口の自然減」（同49.7％→63.7％、14.0ポイント増）を指摘する割合が高まっている。その結果、10年前の問題点として指摘する項目は平均5.6項目であったが、現在の問題点は平均7.1項目となっている。地域が抱える問題点は多様化しているといえる。

問題群に分けて10年前と現在を比べると、「人口問題」をあげる割合は10年前の79.4％から現在の92.5％へと13.1ポイント高まり、「既存企業の減少」は72.8％から86.2％へと13.4ポイント高まっている。

さらに、地域経済が抱える問題点のうち最も深刻なものをみると、10年前も現在も「人口問題」をあげる割合が最も高い（図1−17）。とり

第1章　地域経済が抱える問題点と経済振興への取り組み状況 | 17

図1−17　最も深刻な問題（10年前と現在）

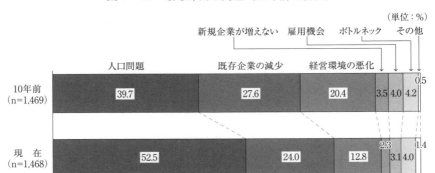

(注) 図1−16と同じ。

わけ現在において、その割合は52.5％と過半を占める。

　10年前に最も深刻だった問題点の深刻度合いがどのように変化したかをみると、「いっそう深刻になった」をあげる割合は人口問題が80.0％と最も高く、企業数の減少が59.0％と続く（図1−18）。10年前に最も深刻だった問題点として指摘される割合が高い項目ほど、深刻さを増しているといえるだろう。

　地域が抱える問題点についてまとめると、次の３点が指摘できる。

　第１は、地域が抱える問題点は多様化していることである。とりわけ、「人口問題」や「既存企業の減少」を問題点として指摘する地域は10年間で広がりをみせている。

　第２は、「人口問題」や「既存企業の減少」を中心に、地域が抱える問題点は深刻さを増していることである。

　第３は、いまや「人口問題」や「既存企業の減少」は、人口規模や地域圏区分にかかわらず、いずれの地域でも問題点として認識されていることだ。これは前節でみたことと整合的である。人口規模や地域圏区分で異なるのは、その深刻さの程度である。

図1−18 10年前に最も深刻だった問題点の割合（横軸）とその深刻度合いの変化（縦軸）

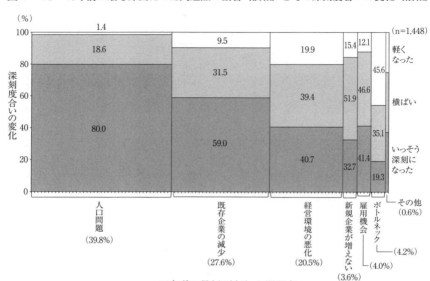

10年前に最も深刻だった問題点

（注）集計数が異なるため、「10年前に最も深刻だった問題点」の構成比は図1−17と異なる。

③ 地域経済振興の取り組み

　地域経済が抱える問題点の多様化と深刻化に伴い、地域経済を振興する活動がいままで以上に重要になっている。では、どのような活動が取り組まれているのだろうか。

　アンケート調査では、当該商工会・商工会議所の取り組みに限らず、それ以外の組織や個人が地域において取り組んでいる活動も含めて尋ね、「その他」を含めて12項目の活動と「とくになし」「そもそも地域経済を振興する必要がない」を選択肢として示している（複数回答）。

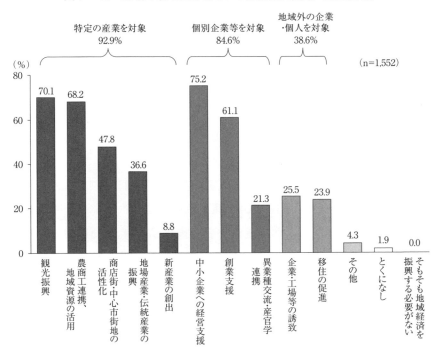

図1-19 地域で取り組まれている経済振興活動（複数回答）

（注）1 当該商工会・商工会議所の取り組みに限らず、それ以外の組織や人が地域において取り組んでいる活動も含めた回答である。
2 カテゴリーの回答割合は、各カテゴリーに属する問題点を一つ以上選択した割合である。

　その結果をみると、「そもそも地域経済を振興する必要がない」と回答した商工会・商工会議所は存在しなかった（図1-19）。また「とくになし」は1.9％に過ぎなかった。すべての商工会・商工会議所が地域経済を振興する必要があると考えており、そのほとんどの地域で実際に何らかの活動に取り組んでいることになる。とりわけ、「中小企業への経営支援」をあげる割合が75.2％と最も高く、「観光振興」が70.1％、「農商工連携、地域資源の活用」が68.2％、「創業支援」が61.1％と続く。
　これらの活動を三つに分類すると、「特定の産業を対象」とする活動

をあげる割合は92.9％にのぼり、ほとんどの地域において取り組まれている。「個別企業等を対象」とする活動も84.6％と高い。「地域外の企業・個人を対象」とする活動は38.6％と相対的に低い。

　これらの経済振興活動を地域分類別にみると、地域ごとの特性にふさわしい活動が取り組まれているといえる。

　まず特定の産業を対象とする活動についてみてみよう。当然のことではあるが、特定の産業を対象とする振興活動の取り組み内容は、その地域における主要産業などによって左右される。

　「観光振興」「農商工連携、地域資源の活用」をあげる割合は地方圏において相対的に高い（図1－20）。観光産業や農林水産業とその関連産業は地方圏により多く立地することを反映している。「商店街・中心市街地の活性化」をあげる割合は大都市圏・5万人以上で高く、大都市圏・5万人未満で低い。大都市圏・5万人未満の地域には郊外ロードサイドに小売店等が立地し、振興できる商店街や中心市街地が少ないことがその背景にあるものと思われる。一方、「地場産業・伝統産業の振興」は地域分類による差は小さい。

　個別企業等を対象とする活動については、「中小企業への経営支援」「創業支援」「異業種交流・産官学連携」をあげる割合は、地域圏区分にかかわらず人口5万人以上の地域で相対的に高い。人口規模が大きい地域には一般的に多くの企業が立地していることを反映している。

　逆に、地域外の企業・個人を対象とする活動のうち「移住の促進」については、人口減少がより深刻な問題となっている5万人未満の地域で相対的に高い。

　では具体的にどのような活動が取り組まれているのか、そして成果をあげるには何が重要なのか。第2章では、地域経済の振興に取り組む中小企業に対するアンケート調査をもとに、成果を決定する要因を探る。

図1−20 地域で取り組まれている経済振興活動（複数回答）（地域分類別）

（単位：％）

	特定の産業を対象	個別企業等を対象	地域外の企業・個人を対象
地方圏・5万人未満	95.1	79.1	41.9
地方圏・5万人以上	90.9	90.3	35.0
大都市圏・5万人未満	89.9	81.7	46.2
大都市圏・5万人以上	92.4	91.5	31.1

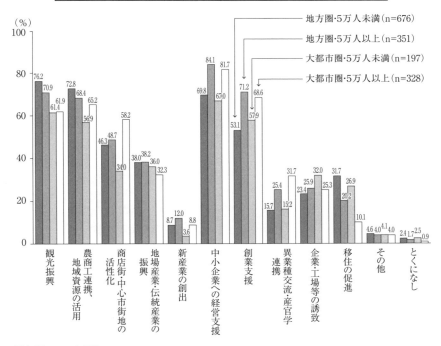

（注）図1−19と同じ。

また第3章では9地域の事例を紹介するとともに、成果をあげている事例に共通する要因を検討する。

第2章

地域経済の振興に取り組む
中小企業

日本政策金融公庫総合研究所
主席研究員　村上 義昭

第2章　地域経済の振興に取り組む中小企業 | 25

　第1章でみたように、地域経済において問題の多様化と深刻化が進んでいる。その結果、多くの地域では経済が縮小段階にあると考えられており、地域経済を振興する活動がいままで以上に重要となっている。

　本章では、そうした地域経済振興活動のうち、中小企業やその経営者が取り組んでいる活動に注目する。中小企業は地域経済、とりわけ地方圏など経済環境が不利な地域ほど大きなウェイトを占めているからだ。

　以下では、どのような中小企業が地域経済を振興する活動に取り組んでいるのかをみたうえで、活動の成果を決定する要因を探る。

　本調査を行うにあたって、中小企業に対するアンケートを実施した（詳細は「アンケート調査の実施要領」を参照）。対象は日本政策金融公庫の取引先企業である。1万3,000社にアンケート票を送付し、4,693社から回答を得た。

　総務省「経済センサス−基礎調査」（2014年）と比べると、回答企業は業種と従業者規模に偏りがみられる。そこで、こうした偏りを調整し、実際の企業分布に近似した集計を行うために、集計ウェイトを設定した（資料編資料2を参照）。以下では、ウェイト付けした集計結果を示す（ただし、n値は原数値を示す）。なお、企業や経営者、立地に関する主な属性等は資料編資料3に掲載している。

アンケート調査の実施要領

名　　　称：「地域経済の振興に取り組む中小企業に関するアンケート」
調査時点：2015年11月
調査対象：日本政策金融公庫（国民生活事業、中小企業事業）の取引先企業
　　　　　1万3,000社
調査方法：調査票の送付・回収ともに郵送、アンケートは無記名
回 収 数：4,693社（回収率36.1％）

1 地域経済振興活動への取り組み状況

(1) 中小企業の取り組み割合と活動の種類

　アンケート調査では、地域経済を振興する活動への取り組み状況について、企業としての取り組みだけではなく、経営者個人としても取り組んでいるかどうかを尋ねている。例えば、経営者が本業とは別にNPO法人の一員として経済振興活動に取り組むようなケースがあるからだ。

　調査結果によると、企業・経営者個人の両方で取り組んでいる割合は8.9％、企業として取り組んでいる割合は12.5％、経営者個人として取り組んでいる割合は4.5％である（図2－1）。合わせて25.9％がいずれかの形態で活動に取り組んでいる。

　取り組んでいる活動の種類は、「商店街・中心市街地の活性化」が46.1％と最も多く、「異業種交流・産官学連携」（27.8％）、「観光振興」（26.2％）、「農商工連携、地域資源の活用」（21.7％）、「地場産業・伝統産業の振興」（19.4％）が続く（図2－2）。

　では、どのような中小企業が地域経済振興活動に取り組んでいるのだろうか。以下では、企業としての取り組みと経営者個人としての取り組みとを合わせた取り組み状況をみていくことにする。まずクロス集計で概観したうえで、計量分析によって取り組み状況を左右する属性とその背景を検討する。

(2) 企業・経営者の属性別にみた取り組み状況

　企業の業種別にみると、「その他」の取り組み割合が36.9％と最も高く、「不動産業、物品賃貸業」（35.6％）、「宿泊業、飲食サービス業」

第2章 地域経済の振興に取り組む中小企業 | 27

図2-1 地域経済を振興する活動への取り組み状況

- 企業・経営者個人の両方で取り組んでいる 8.9
- 企業として取り組んでいる 12.5
- 経営者個人として取り組んでいる 4.5
- 取り組んでいない 74.1

25.9%

(n=4,465) （単位：％）

資料：日本政策金融公庫「地域経済の振興に取り組む中小企業に関するアンケート」（以下同じ）
(注) ウェイト付け後の集計結果である。ただし、n値は原数値を示している（以下同じ）。

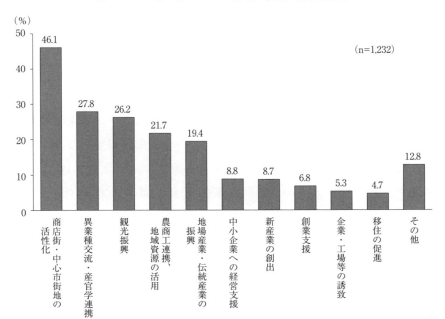

図2-2 取り組んでいる活動の種類（複数回答）

(n=1,232)

活動	％
商店街・中心市街地の活性化	46.1
異業種交流・産官学連携	27.8
観光振興	26.2
農商工連携、地域資源の活用	21.7
地場産業・伝統産業の振興	19.4
中小企業への経営支援	8.8
新産業の創出	8.7
創業支援	6.8
企業・工場等の誘致	5.3
移住の促進	4.7
その他	12.8

（35.0％）、「小売業」（31.2％）、「学術研究、専門・技術サービス業」
（31.2％）と続く（表2－1）。取り組み割合が最も低いのは、「医療、
福祉」の13.7％である。

　企業の従業者規模別については、1～4人の企業では22.1％が地域経
済振興活動に取り組んでいるのに対して、50人以上では35.5％が取り
組んでおり、規模が大きいほど取り組み割合が高いという傾向がみられ
る（図2－3）。

　業歴別にみると、9年以下の企業では取り組み割合が20.3％、10～19
年の企業では20.7％であるのに対して、60～69年の企業は38.3％、70年
以上の企業は47.2％にのぼる（図2－4）。業歴が長くなるほど、取り
組み割合が高いという傾向がみられる。ただし、業歴が長い企業ほど相
対的に従業者規模が大きいことから、クロス集計ではなく後述する計量
分析によって他の条件をコントロールしたうえで取り組み割合に対する
関係をみる必要がある。

　業況別に取り組み割合をみると、業況が「悪い」企業は19.7％に過ぎ
ないのに対して、「やや良い」企業は28.6％、「良い」企業は36.0％と、
業況が良好な企業ほど取り組み割合は高い（図2－5）。

　加入団体の有無・種類別にみると、「加入団体なし」の企業では取り
組み割合は7.8％と低く、団体に加入している企業は相対的に多くの企
業が地域経済振興活動に取り組んでいる（図2－6）。とりわけ、「青年
会議所」「NPO法人」「中小企業家同友会」は、それぞれ60.8％、
58.2％、54.5％と高い。これらの団体では地域経済の発展に向けて提言
や活動などを行うことが多く、その会員として企業や経営者個人が地域
経済振興活動に関与しているものと思われる。

　経営者の年齢別に取り組み割合をみると、「40歳代」が21.9％と最も
低く、「39歳以下」「50歳代」「60歳代」はほぼ同水準、「70歳以上」は

表2－1　取り組み割合（業種別）

（単位：％）

業　種	取り組み割合
建設業（n=733）	18.4
製造業（n=1,011）	25.7
情報通信業（n=59）	28.7
運輸業、郵便業（n=192）	20.2
卸売業（n=513）	21.6
小売業（n=646）	31.2
不動産業、物品賃貸業（n=181）	35.6
学術研究、専門・技術サービス業（n=193）	31.2
宿泊業、飲食サービス業（n=289）	35.0
生活関連サービス業、娯楽業（n=169）	18.4
教育、学習支援業（n=35）	25.3
医療、福祉（n=155）	13.7
その他のサービス業（n=215）	17.9
その他（n=73）	36.9
全　体（n=4,464）	25.9

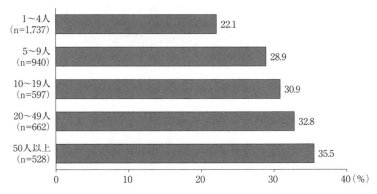

図2－3　取り組み割合（従業者規模別）

（注）従業者数は、経営者本人、常勤役員・正社員、パートタイマー・アルバイトの合計である（以下同じ）。

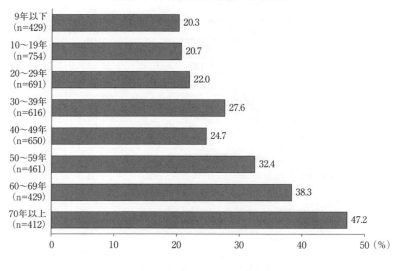

図2-4 取り組み割合(業歴別)

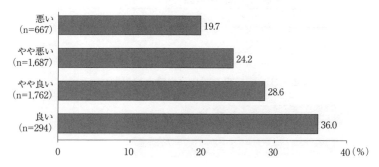

図2-5 取り組み割合(業況別)

32.5％とやや高い(図2-7)。40歳代以降は年齢が高くなるにつれて取り組み割合が高まる傾向がみられる。

後継者の決定状況等による分類別に取り組み割合をみると、「廃業予定企業」(自分の代で事業をやめるつもりの企業)[1]は18.8％と最も低い

---

1 後継者の決定状況等による分類の詳細については、資料編資料3(244ページ)に記載している。

図2−6 取り組み割合（加入団体の有無・種類別）

- 商工会・商工会議所 (n=3,207): 31.8
- 各種組合 (n=1,603): 34.7
- 青色申告会・法人会 (n=1,668): 33.8
- 中小企業家同友会 (n=174): 54.5
- 青年会議所 (n=150): 60.8
- NPO法人 (n=57): 58.2
- その他 (n=294): 40.4
- 加入団体なし (n=606): 7.8

（注）「各種組合」には、生活衛生同業組合、商店街振興組合、商工組合、事業協同組合などが含まれる。

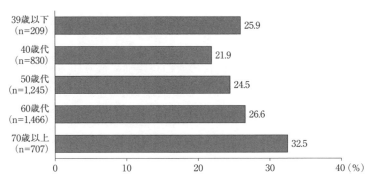

図2−7 取り組み割合（経営者の年齢別）

- 39歳以下 (n=209): 25.9
- 40歳代 (n=830): 21.9
- 50歳代 (n=1,245): 24.5
- 60歳代 (n=1,466): 26.6
- 70歳以上 (n=707): 32.5

（図2−8）。「未定企業」（事業承継の意向はあるが、後継者が決まっていない企業）は27.4％、「決定企業」（後継者が決まっており、後継者本人も承諾している企業）は33.7％と、事業承継の見込みが高い企業ほど、地域振興活動への取り組み割合も高い。

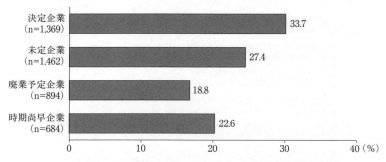

図2-8 取り組み割合（後継者の決定状況等による分類別）

(注)「後継者の決定状況等による分類」の詳細については、資料編資料3を参照。

(3) 企業の立地別にみた取り組み割合

　地域経済振興活動に取り組むかどうかは、地域経済の状況によって大きく左右されるだろう。だとすれば、企業が立地する地域の属性によって取り組み割合に差がみられるのではないか。アンケート調査では主たる事業所が立地する市町村を尋ねており、その市町村にひも付けた地域属性をもとにみていくことにする。

　まず、企業が立地する市町村の人口規模別に取り組み割合をみると、「5万人未満」の市町村に立地する企業は35.8％と最も高く、人口規模が大きくなるほど取り組み割合は低いという傾向がみられる（図2-9）。

　1995年から2015年にかけての人口増加率別にみると、人口増加率が低い（＝人口減少率が高い）市町村に立地する企業ほど取り組み割合は高い（図2-10）。

　立地する市町村が属する地域圏区分別[2]では、「大都市圏中心市」「大都市圏周辺市町村」では取り組み割合が相対的に低く、「都市圏」「地方圏」では高い（図2-11）。

2　地域圏区分の定義については資料編資料3を参照。

図2-9 取り組み割合（人口規模別）

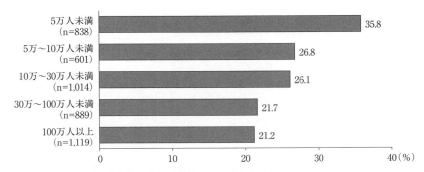

（注）1 総務省「国勢調査」（2015年）速報値による（以下同じ）。
　　　2 東京特別区部は「100万人以上」に含めた（以下同じ）。

図2-10 取り組み割合（1995年から2015年にかけての人口増加率別）

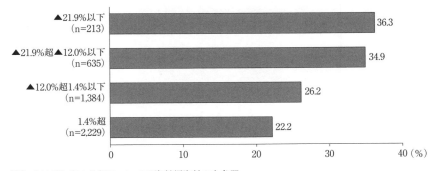

（注）人口増加率の分類については資料編資料3を参照。

　過疎地域指定状況別にみると、「過疎地域」に立地する企業の取り組み割合は27.8％であり、「非過疎地域」の取り組み割合（25.2％）との間に大きな差はない（図2-12）。

(4) 地域経済振興活動に取り組まない理由

　ここまでは、地域経済振興活動に取り組む中小企業についてみてき

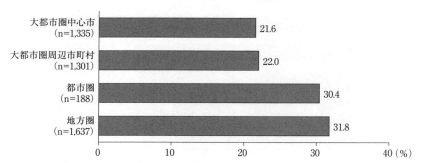

図2-11 取り組み割合（地域圏区分別）

（注）地域圏区分の定義については資料編資料3を参照。

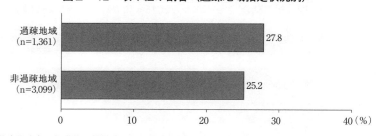

図2-12 取り組み割合（過疎地域指定状況別）

（注）過疎地域自立促進特別措置法による。同法2条1項、33条1項、33条2項のいずれかに該当する地域を「過疎地域」とし、それ以外を「非過疎地域」とした（以下同じ）。

た。一方で、活動に取り組まない企業も74.1％存在する。それらの企業はなぜ取り組んでいないのだろうか。

　その理由をみると、「時間の余裕がないから」をあげる企業割合が59.1％にのぼる。次いで、「経済的に余裕がないから」（41.2％）、「体力的に本業との両立が難しいから」（38.0％）の割合が高く、余裕がないことを理由にあげる割合が高い（図2-13）。一方で、「本業の発展が地域経済の振興につながるから」をあげる企業も24.8％と、一定割合存在する。

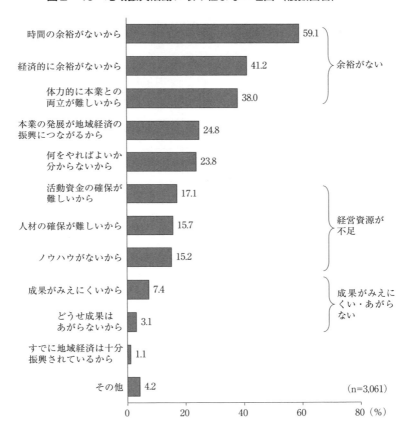

図2-13 地域振興活動に取り組まない理由（複数回答）

　地域振興活動に取り組まない理由を従業者規模別にみると、余裕がないことを理由にあげる割合は規模の小さな企業ほど高い傾向にある（表2-2）。従業者の少ない企業ほど、経営に関して多くのことを経営者一人がやらなければならず、地域経済振興活動に取り組むだけの時間的な余裕も経済的な余裕も乏しいということだ。逆に、「本業の発展が地域経済の振興につながるから」をあげる割合は規模の大きな企業ほど高い。

表２－２　地域振興活動に取り組まない理由（従業者規模別、複数回答）

（単位：％）

		従業者規模別		
		9人以下 （n=1,948）	10～19人 （n=385）	20人以上 （n=728）
余裕がない	時間の余裕がないから	60.4	58.5	45.9
	経済的に余裕がないから	44.1	34.7	18.5
	体力的に本業との両立が難しいから	39.0	37.9	27.4
本業の発展が地域経済の振興につながるから		21.9	36.0	41.5
何をやればよいか分からないから		24.8	21.9	16.4
経営資源が不足	活動資金の確保が難しいから	17.7	17.7	10.2
	人材の確保が難しいから	14.2	26.1	19.3
	ノウハウがないから	15.4	14.3	14.8
成果がみえにくい・あがらない	成果がみえにくいから	7.9	4.9	5.4
	どうせ成果はあがらないから	3.4	1.5	1.9
すでに地域経済は十分に振興されているから		1.0	1.6	2.1
その他		4.3	4.3	3.1

(5) 取り組み状況に関する計量分析

　先述のとおり、クロス集計ではほかの要因による影響を除去することができない。そこで以下では、ほかの要因をコントロールするために計量分析を行い、どのような属性が活動への取り組み割合を左右するかをみていくことにする。

分析に用いる変数と推計方法

　被説明変数は地域経済振興活動への取り組み状況についてのダミー変数である。「取り組んでいる」を１、「取り組んでいない」を０とする。したがって、説明変数の係数が正の符号であれば、取り組む確率が高くなることを意味する。

　説明変数は、クロス集計と同様、①企業・経営者の属性、②立地属性の二つのカテゴリーに分かれる。

　企業・経営者の属性については、業種、従業者数、業歴、業況、加入団体の有無、経営者の年齢、後継者の決定状況等による分類である。このうち、業種については大分類業種（14区分）ごとに該当すれば１、該当しなければ０となるダミー変数を作成した。分析にあたっては取り組み割合が最も低かった「医療、福祉」を参照変数とした。加入団体の有無は「あり」を１、「なし」を０とするダミー変数を作成した。また、業況については「悪い」「やや悪い」「やや良い」「良い」の４段階評価ごとにダミー変数を作成し、このうち「悪い」を参照変数とした。同様に、後継者の決定状況等による分類ごとにダミー変数を作成し、そのうち「廃業予定企業」を参照変数とした。

　立地属性については、まず、立地する市区町村の人口を用いる。また、クロス集計では東京特別区部は人口100万人以上に含めたが、推計ではその代わりに東京特別区部ダミーを用いる。さらに、1995年から2015年にかけての人口増加率、地域圏区分、過疎地域指定ダミーも説明変数とした。地域圏区分は「大都市圏中心市」を参照変数とした。

　以上を被説明変数、説明変数として、プロビット分析を行う。なお、立地に関する説明変数のうち人口、人口増加率、地域圏区分は互いに相関が高く多重共線性が生じるおそれがある。また、過疎地域の指定要件の一つに人口増加率があり、地域圏区分によって過疎地域の分布が異な

る。そこでこれらを同時に説明変数にするのではなく、3種類の推計を行った。すなわち、推計1では人口、東京特別区部ダミー、過疎地域指定ダミーを説明変数とし、推計2、推計3ではそれらの代わりにそれぞれ人口増加率、地域圏区分を説明変数とした。

推計結果

推計結果は表2-3のとおりである。推計1について順を追ってみてみよう。

まず①企業・経営者の属性である。

業種については、取り組み割合が最も低かった「医療、福祉」を参照変数にしたことから、それ以外の業種は正の係数である。係数は「宿泊業、飲食サービス業」、「不動産業、物品賃貸業」「学術研究、専門・技術サービス業」の順番で大きく、いずれも有意である。これらの業種では、「医療、福祉」と比べて地域経済振興活動に取り組む確率は明らかに高い。このうち、「宿泊業、飲食サービス業」は観光振興や商店街・中心市街地の活性化への取り組むケースが多い。「学術研究、専門・技術サービス業」はいわゆる士業が多く、創業支援や中小企業への経営支援などに取り組みやすい業種である。

従業者数の係数は正の符号であり、しかも有意である。業歴も同様である。つまり、他の要因をコントロールしても、従業者規模、業歴は活動への取り組みに対して正の相関があるということだ。

業況については、「悪い」を基準として「やや悪い」「やや良い」「良い」はいずれも正の係数で有意である。業況が良くなるほど係数の絶対値は大きくなっていることから、クロス集計と同様、業況は活動への取り組みに対して正の相関がみられる。

従業者数、業歴、業況に関していうと、従業者数が相対的に多く、業歴

表2-3　推計結果

推計方法：プロビット分析（ウェイト付け）

被説明変数：地域経済振興活動への取り組み状況（取り組んでいる=1、取り組んでいない=0）

区分	変数	推計1 係数	推計1 標準誤差	推計1 t値	推計2 係数	推計2 標準誤差	推計2 t値	推計3 係数	推計3 標準誤差	推計3 t値
企業・経営者の属性（業種）	建設業（該当=1、非該当=0）	0.082	0.152	0.54	0.123	0.150	0.82	0.121	0.149	0.81
	製造業（同上）	0.248	0.153	1.62	0.271	0.153	1.78 *	0.286	0.152	1.88 *
	情報通信業（同上）	0.707	0.244	2.90 ***	0.737	0.245	3.01 ***	0.699	0.243	2.87 ***
	運輸業、通信業（同上）	0.024	0.179	0.14	0.061	0.177	0.35	0.050	0.177	0.28
	卸売業（同上）	0.227	0.158	1.44	0.249	0.158	1.58	0.246	0.157	1.57
	小売業（同上）	0.552	0.157	3.52 ***	0.605	0.152	3.99 ***	0.594	0.151	3.93 ***
	不動産業、物品賃貸業（同上）	0.751	0.184	4.08 ***	0.788	0.177	4.45 ***	0.781	0.176	4.44 ***
	学術研究、専門・技術サービス業（同上）	0.749	0.176	4.26 ***	0.778	0.175	4.45 ***	0.746	0.174	4.29 ***
	宿泊業、飲食サービス業（同上）	0.761	0.163	4.66 ***	0.785	0.163	4.82 ***	0.790	0.162	4.87 ***
	生活関連サービス業（同上）	0.246	0.186	1.32	0.282	0.187	1.50	0.273	0.187	1.46
	教育、学習支援業（同上）	0.454	0.337	1.35	0.486	0.339	1.43	0.446	0.339	1.31
	医療、福祉（同上）	（参照変数）			（参照変数）			（参照変数）		
	その他のサービス業（同上）	0.041	0.182	0.23	0.079	0.179	0.44	0.086	0.178	0.48
	その他（同上）	0.631	0.216	2.92	0.651	0.211	3.09 ***	0.657	0.210	3.12 ***
	従業者数（人、対数）	0.100	0.025	3.97 ***	0.100	0.025	3.95 ***	0.100	0.025	3.92 ***
	業歴（年、対数）	0.151	0.045	3.33 ***	0.153	0.045	3.37 ***	0.154	0.046	3.37 ***
業況	悪い（該当=1、非該当=0）	（参照変数）			（参照変数）			（参照変数）		
	やや悪い（同上）	0.164	0.081	2.04 **	0.169	0.081	2.10 **	0.160	0.081	1.98 **
	やや良い（同上）	0.302	0.084	3.59 ***	0.319	0.084	3.78 ***	0.304	0.085	3.58 ***
	良い（同上、なし=0）	0.533	0.132	4.03 ***	0.542	0.132	4.10 ***	0.545	0.132	4.11 ***
	加入団体の有無（あり=1、なし=0）	0.777	0.105	7.42 ***	0.799	0.105	7.62 ***	0.803	0.104	7.71 ***
	経営者の年齢（歳）	0.001	0.003	0.18	0.001	0.003	0.20	0.001	0.003	0.20
後継者の決定状況等	決定企業（該当=1、非該当=0）	0.274	0.086	3.21 ***	0.280	0.086	3.25 ***	0.275	0.087	3.17 ***
	未定企業（同上）	0.214	0.083	2.59 ***	0.219	0.083	2.63 ***	0.211	0.083	2.53 **
	廃業予定企業（同上）	（参照変数）			（参照変数）			（参照変数）		
	時期尚早企業（同上）	0.106	0.108	0.99	0.115	0.109	1.06	0.107	0.109	0.98
立地	立地する市区町村の人口（2015年、人、対数）	-0.090	0.019	-4.62 ***	―	―	―	―	―	―
	東京特別区部ダミー（該当=1、非該当=0）	-0.094	0.105	-0.89	―	―	―	―	―	―
	過疎地域指定ダミー（該当=1、非該当=0）	0.048	0.068	0.70	―	―	―	―	―	―
	人口増加率（1995年→2015年、%）	―	―	―	-0.007	0.002	-3.86 ***	―	―	―
地域圏区分	大都市圏中心市（市=1、非該当=0）	―	―	―	―	―	―	0.001	0.078	0.02
	大都市圏周辺市町村（同上）	―	―	―	―	―	―	0.338	0.152	2.23 **
	都市圏（同上）	―	―	―	―	―	―	0.261	0.072	3.64 ***
	地方圏（同上）	―	―	―	―	―	―	（参照変数）		
	定数項	-1.734	0.354	-4.90 ***	-2.157	0.331	-6.52 ***	-2.996	0.266	-11.25 ***
	観測数	4,275			4,280			4,280		
	Wald χ2乗値	292.67 ***			288.21 ***			306.91 ***		
	疑似対数尤度	-2192.3			-2201.1			-2196.3		
	疑似決定係数	0.103			0.101			0.103		

（注）***は有意水準1%、**は同5%、*は同10%を意味する。

が長く、業況が良好な企業、つまり、地域における有力中小企業は地域経済を振興する活動へ取り組む確率が高い。活動に取り組む余裕があり、活動に利用できる経営資源も相対的に豊富であることが背景にある。

　加入団体の有無については、正の係数で有意である。団体に加入していれば地域経済振興活動に取り組む確率は高いことになる。これはクロス集計と整合的である。

　経営者の年齢は正の係数であるが、有意ではない。なお、クロス集計からは年齢と取り組み割合の間にU字型の関係が考えられることから、年齢の二乗項を含めた推計を別途行ったが、有意な関係はみられなかった。

　後継者の決定状況等については、「廃業予定企業」を基準として「決定企業」「未定企業」は正の係数で有意である。係数の絶対値は「決定企業」のほうがやや大きい。いずれも事業を継続する意欲がある企業であり、将来にわたって地域経済に関与することが見込まれる。地域経済を振興することが将来の経営にとって重要であることから、活動に積極的に取り組んでいるものと思われる。また決定企業のなかには、経営を後継者にある程度任せることができるため、経営者が地域経済振興活動に取り組む余裕がある企業が少なくないことも背景にあるだろう。

　②立地属性に関しては三つの推計を行った。推計1で市町村の人口、東京特別区ダミー、過疎地域指定ダミーを、推計2では1995年から2015年にかけての人口増加率を、推計3では地域圏区分を説明変数とした。

　人口については有意な負の係数である。人口規模が小さな市町村に立地する中小企業ほど、地域経済振興活動に取り組む確率が高いということだ。一方で、東京特別区部ダミー、過疎地域指定ダミーは有意ではなかった。人口増加率については、有意な負の係数である。人口増加率が低い（＝人口減少率が高い）地域ほど、取り組み確率は高い。また、地

域圏区分は「大都市圏中心市」を基準とすると、「都市圏」「地方圏」が
いずれも有意な正の係数である。「大都市圏中心市」と比べると、「都市
圏」「地方圏」では取り組み確率が高い。

　立地属性については、人口規模が小さく人口減少率が高い市町村、地
方圏などといった、地域経済振興活動を必要とする地域に立地する中小
企業ほど取り組み割合が高くなるといえる。

② 取り組みの動機

　アンケートでは、取り組んでいる活動の種類を複数回答で尋ねたうえ
で（前掲図2－2参照）、そのうち最も力を入れている活動についても
尋ねている。それによると、企業としての最も力を入れている活動とし
て「商店街・中心市街地の活性化」をあげる割合は34.5％と最も高く、
「異業種交流・産官学連携」（15.4％）、「観光振興」（12.7％）、「農商工連
携、地域資源の活用」（10.3％）、「地場産業・伝統産業の振興」（8.0％）
と続く（図2－14）。これら上位5項目は、経営者個人として最も力を
入れている活動でも同じである。

　最も力を入れている活動を対象に、本節では取り組みの動機を、次の
第3節では成果とその要因をそれぞれみていくことにする。

　まず、企業として最も力を入れている活動に取り組んでいる動機をみ
ると、「長い目で見れば自社の利益になるから」（25.9％）、「地域の企業
として当然のことだから」（23.7％）、「自社の業績向上に直結するから」
（23.1％）が上位を占める（図2－15）。

　次に、個人として最も力を入れている活動を取り組んでいる動機につ
いては、「地元で事業を営む者としての義務だと思うから」（26.8％）、

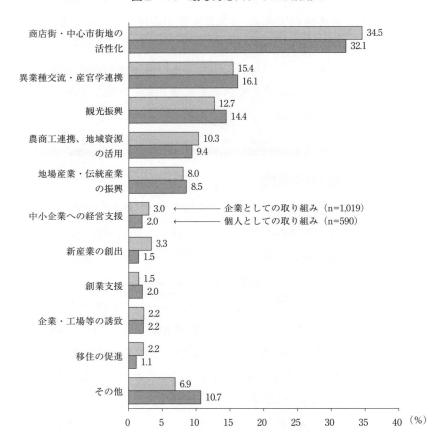

図2-14 最も力を入れている活動

「経営する企業にとって必要な活動だから」(24.4％)、「地域経済の振興に住民として役立ちたいから」(20.6％) が上位を占める (図2-16)。

企業としての取り組み、個人としての取り組みに共通するのは、自社に対するメリットを求める意識と、地域の企業や住民として当然のことだという意識の両方がうかがえることだ。

すぐにではないにしろ、いずれは自社の経営に見返りがあることを期

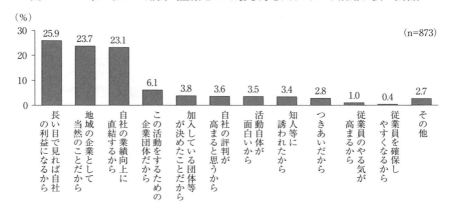

図2-15　取り組みの動機（企業として最も力を入れている活動、択一回答）

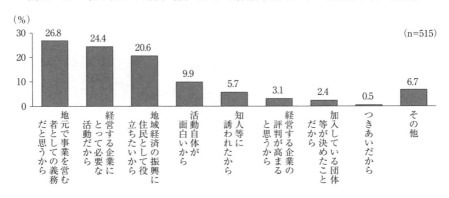

図2-16　取り組みの動機（個人として最も力を入れている活動、択一回答）

待するのは、企業として当然かもしれない。一方で、地域の企業や住民としての純粋な使命感に駆られて活動に取り組むこともあるだろう。アンケート調査では動機の選択肢を択一回答にしたが、実際は同じ企業、個人であっても二つの意識は混在しているものと思われる。

　例えば、株式会社ウェルカムジョン万カンパニー（高知県土佐清水市、食品製造業、2010年創業）は地元の特産品である宗田節をもとに

「だしが良くでる宗田節」[3]などの商品を開発・販売しており、同社の売り上げが上がるほど地域経済も潤うことになる。つまり、地域の利益と自社の利益が表裏一体の関係にあるということだ。しかし、最近では主に地元の宗田節加工企業が同様の商品を売り出すようになってきた。これに対して同社の田中慎太郎社長（1977年生まれ）は、宗田節が全国に広がれば地域経済にとって望ましいことだからと、他社の参入をむしろ歓迎しているという。

もう一つ事例を紹介しよう。今井産業株式会社（島根県江津市、建設業、1928年創業）の今井久師社長（1963年生まれ）は地元へホテルを誘致する活動を主導したり、市の有識者会議で座長を務めたりするなど、地域経済の振興に深く関与している[4]。その背景には、同社は建設会社として地元の公共工事を受注することもあるため、地域経済を振興することは長い目で見ると経営にもプラスになるということがある。その一方で、恵まれた自然環境と豊富な森林資源を生かして、島根県の発展に寄与したいという創業期の思いが社是として代々伝わっていることから、地域の企業として損得抜きで振興活動に取り組むという側面があることも否定できない。

③ 活動の成果を左右する要因

次に活動の成果とその要因に注目する。はたしてどのような要因によって成果は左右されているのだろうか。

3　ていねいに成形した宗田節を調味料容器に詰めた商品。好みの醤油を入れると、家庭で簡単に本物の宗田節のだし醤油を味わえる。株式会社ウェルカムジョン万カンパニーについては第3章の事例9でも取り上げている。
4　ホテル誘致の事例については第3節(8)(59ページ)で紹介している。

（1）70.8％が成果に積極的な評価

アンケート調査では、企業または個人として最も力を入れている活動は合わせて1,609件あり、それぞれの成果について自己評価による回答を得ている。「十分な成果があがっている」は6.2％、「ある程度は成果があがっている」は64.6％と、積極的な評価を下している割合は70.8％である（図2−17）。これに対して、消極的な評価、すなわち「あまり成果があがっていない」は24.8％、「まったく成果があがっていない」は4.4％を占めている。

以下では、活動の成果がその種類、企業・経営者の属性等、立地する地域の属性、公的な補助金等の利用状況、活動に不足している要素によってどのように異なるかをみていきたい。まずクロス集計で概観したうえで、計量分析によって成果の決定要因とその背景を検討する。

（2）活動の種類別にみた成果

前掲図2−2のとおり、アンケート調査では地域経済を振興する活動を11項目に分けている。そのうち取り組み割合の高い上位五つの活動について成果をみると、「観光振興」に対して「十分な成果があがっている」または「ある程度はあがっている」と積極的な評価を下している割合は合わせて80.4％と最も高い（図2−18）。一方で、「商店街・中心市街地の活性化」は64.3％と最も低い。

（3）企業・経営者の属性別にみた成果

企業の従業者規模別に活動の成果をみると、成果があがっていると積極的に評価する割合は従業者規模の大きな企業ほど高くなる傾向がある（図2−19）。企業の業況別についても同様に、業況が良い企業ほど積極

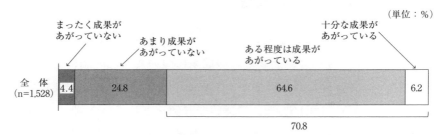

図2-17 活動の成果

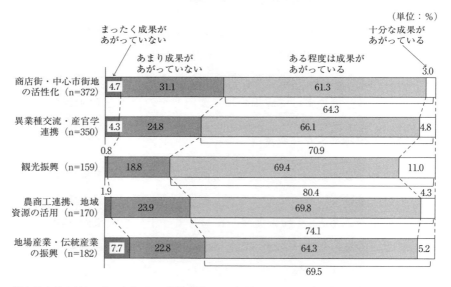

図2-18 活動の成果（活動の種類別）

（注）取り組み割合の高い上位五つの活動（図2-2参照）について、成果をみたものである。

的に評価する割合が高い（図2-20）。

　一方、経営者の年齢階層別にみると、39歳以下では積極的に評価する割合が88.0％と高いが、40歳代以降については70％前後で大きな差はみられない（図2-21）。

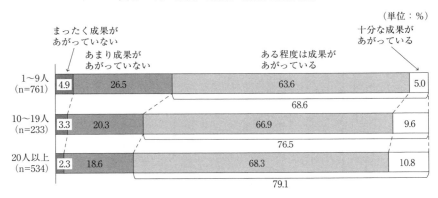

図2-19 活動の成果（従業者規模別）

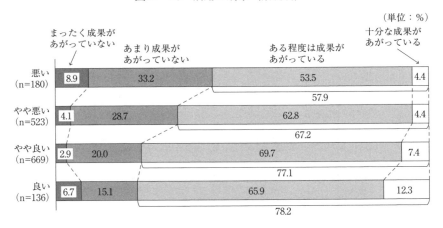

図2-20 活動の成果（業況別）

(4) 地域の属性別にみた成果

　企業が立地する地域（活動の対象となる地域とほぼ一致する）の属性別ではどうか。市町村の人口規模別にみると、積極的な評価を下している割合は5万～10万人未満の市町村で74.7％と最も高く、10万～30万人未満の市町村では67.6％と最も低い（図2-22）。成果は人口規模の大小

図2-21 活動の成果（経営者の年齢別）

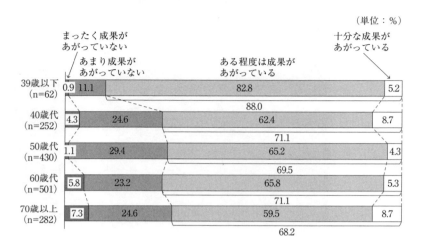

図2-22 活動の成果（人口規模別）

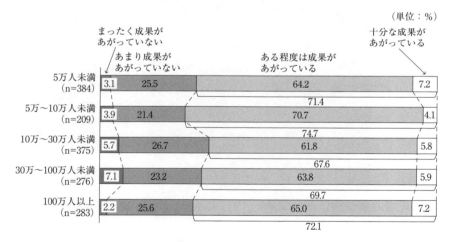

に対して一定の傾向はみられないといえそうだ。

　人口増加率別、地域圏区分別についても同様である。積極的に評価している割合には一定の傾向がみられない（図2-23、24）。

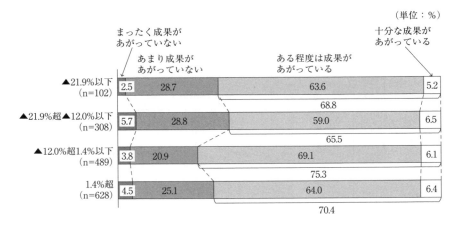

図2-23 活動の成果（人口増加率別）

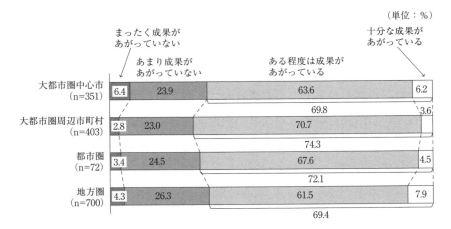

図2-24 活動の成果（地域圏区分別）

　過疎地域指定状況別については、非過疎地域では積極的な評価の割合は71.8％であるのに対して、過疎地域では68.6％と低い（図2-25）。ただし、有意な差があるとはいえない。

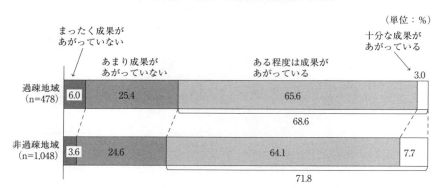

図2－25　活動の成果（過疎地域指定状況別）

(5) 公的な補助金や助成金の利用状況

　活動の種類によっては、地方自治体などに公的な補助金や助成金の制度が用意されている。実際に、公的な補助金、助成金等の利用状況をみると、活動が始まったころに利用していた割合は36.9％、現在利用している割合は33.1％である（図2－26）。

　では、公的な補助金等の利用状況によって活動の成果は左右されるのだろうか。活動が始まったころの利用状況別に活動の成果をみると、利用していない活動では積極的な評価を下している割合は68.0％であるのに対して、利用した活動では75.2％と高い（図2－27、カイ二乗検定による有意水準7.9％）。また、現在の利用状況別に活動の成果をみると、利用していない活動では積極的な評価を下している割合は66.8％であるのに対して、利用している活動では80.2％と明らかに高い（同有意水準0.1％）。

　現在の利用状況によって成果に明らかな差が生じているが、これは活動が軌道に乗り、有望だと判断されたことで補助金等を利用できたとも

第2章　地域経済の振興に取り組む中小企業 | 51

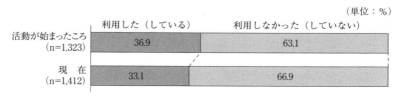

図2-26　公的な補助金、助成金等の利用状況

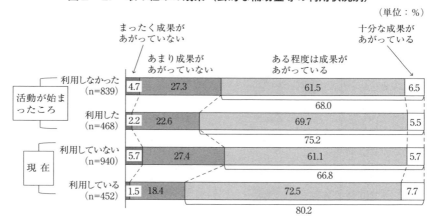

図2-27　取り組みの成果（公的な補助金等の利用状況別）

考えられ、必ずしも補助金等が成果を高めたという因果関係があるとはいえないだろう。

(6) 活動に不足している要素

　アンケート調査では、それぞれの活動についてどのような要素が不足しているかを尋ねている。選択肢は「その他」を含めて13項目と「とくにない」である。このうち「とくにない」をあげる割合は10.7％に過ぎず、残る9割近くの活動でいずれかが不足していることになる（図2-28）。なかでも、「メンバー等の数」が39.9％と高く、「資金」（36.6％）、「地方自治体の協力・支援」（26.2％）、「アイデア、企画力」（24.1％）、「情報

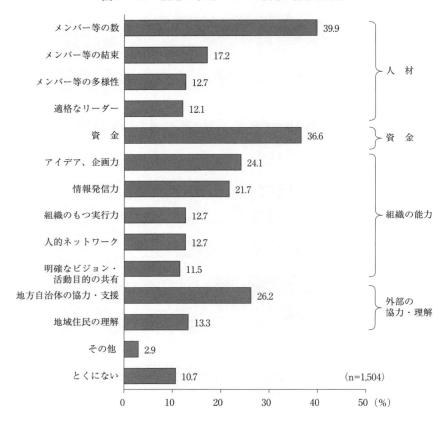

図2−28　活動に不足している要素（複数回答）

発信力」（21.7%）が続く。

　活動に不足している要素別に成果をみると、「まったく成果があがっていない」と「あまり成果があがっていない」を合わせた、消極的な評価を下している割合は「明確なビジョン・活動目的の共有」が48.3%と最も高く、「適格なリーダー」（40.8%）、「組織のもつ実行力」（36.9%）と続いている（図2−29）。これらが不足している活動は成果があがりにくいといえそうだ。

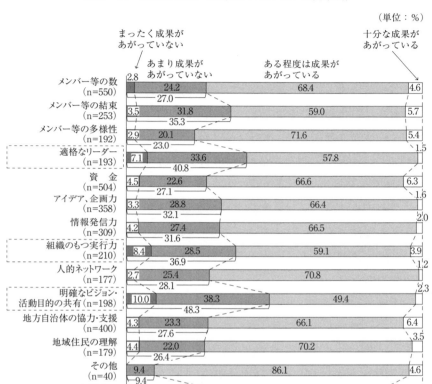

図２－29　活動の成果（活動に不足している要素別）

(7) 活動の成果に関する計量分析

　第１節と同様に、以下では計量分析を行うことで、他の要因をコントロールしながら活動の成果の決定要因を探る。

分析に用いる変数と推計方法

　被説明変数は４段階評価でみた活動の成果である。「まったく成果が

あがっていない」を1、「あまり成果があがっていない」を2、「ある程度成果があがっている」を3、「十分な成果があがっている」を4とする。したがって、説明変数の係数が正の符号であれば、より成果があがりやすいことを意味する。

　説明変数は大きく四つのカテゴリーに分かれる。その一つは活動の種類である。11種類の活動ごとに、該当すれば1、該当しなければ0となるダミー変数を作成する。なお分析にあたっては、クロス集計で成果があがっているとする割合が最も高かった「観光振興」を参照変数とした（前掲図2－18）。

　二つめのカテゴリーは、地域経済の振興活動に取り組んでいる企業・経営者の属性である。このうち、企業の属性は従業者数、業歴、加入団体の有無、業況である。これらは取り組み状況に関する計量分析で用いた変数である。

　三つめのカテゴリーは立地属性である。市区町村の人口、東京特別区部ダミー、過疎地域指定ダミー、人口増加率を用いる。やはり、取り組み状況に関する計量分析で用いた変数である。

　四つめのカテゴリーは、活動の体制である。その一つは、活動が始まったころに公的な補助金等を利用したかどうかである。クロス集計では活動の成果に対して正の関係がみられた（10％水準）が、他の要因をコントロールするとどうだろうか。なお、先に述べたように、現在の利用状況は成果を左右する要因というよりは、成果の結果によって大きく左右されると考えられることから、説明変数とはしない。

　もう一つは、活動に不足する要素である。メンバー等の数をはじめ13の要素について、不足する要素に該当すれば1、該当しなければ0となるダミー変数をそれぞれ作成した。したがって、説明変数の係数が負の符号の場合、その要素が不足していれば成果があがりにくい（すなわ

ち、その要素が十分であれば成果があがりやすい）ということになる。

以上を、被説明変数、説明変数として用いる。そして、被説明変数は成果に関する順序尺度であることから、推計方法として順序プロビット分析を用いる。

なお、立地に関する説明変数については取り組み状況に関する計量分析と同様、同時に説明変数にするのではなく、3種類の推計を行った。すなわち、推計1では人口、東京特別区部ダミー、過疎地域指定ダミーを説明変数とし、推計2、推計3ではそれらの代わりに、それぞれ人口増加率、地域圏区分を説明変数とした。

推計結果

推計結果は表2－4のとおりである。推計1について順を追ってみてみよう。

①活動の種類では、「観光振興」を基準として、活動の成果をみている。係数が有意であるものは、「商店街・中心市街地の活性化」「異業種交流や産官学連携」「農商工連携、地域資源の活用」「地場産業・伝統産業の振興」「新産業の創出」「企業・工場等の誘致」の六つである。いずれも符号は負であることから、「観光振興」と比べて成果があがる確率が低いと解釈できる。

このうち係数の絶対値は「企業・工場等の誘致」が最も大きく、「新産業の創出」、「地場産業・伝統産業の振興」「商店街・中心市街地の活性化」が続く。これらは成果をあげるのが容易ではないということだ。企業・工場を誘致するといっても、企業活動がグローバル化し海外立地が珍しくない現在、容易なことではない。新産業を創出するには、新しい需要を発見したり新しい技術などを導入したりする必要があり、成果があがるまでには時間がかかる。また、地場産業・伝統産業や商店街・

中心市街地の多くが衰退の度合いを強めているなかで、その活性化を図ることは容易ではない。このように、活動の種類によってその成果には濃淡が生じている。

　②企業・経営者の属性のうち、従業者数については正の符号で有意水準も高い。従業者規模の大きな企業が取り組む活動は成果をあげやすいということになる。先にみたように、相対的に規模の大きな中小企業ほど地域経済を振興する活動に取り組んでいる。規模が小さな企業であれば本業で経営者本人がやらなければならないことが多く、地域経済振興活動に力を注ぐだけの余力が生まれづらいのに対して、従業者規模が大きければ経営者が振興活動に取り組めるだけの余裕が生まれやすいからである。同様の理由で、従業者規模が相対的に大きな中小企業は地域振興活動に力を入れられるので、成果をあげやすいという推計結果になっているものと思われる。

　業歴及び加入団体の有無と成果との関係はクロス集計では取り上げていないが、先にみたように、業歴が長い企業ほど、また団体に加入している企業ほど、地域経済振興活動に取り組む割合が高いことから、活動の成果に関しても相関があるかどうかを確認した。推計結果によるといずれも係数は正の符号であるが有意ではなく、業歴の長さや加入団体の有無は活動の成果に対して無関係であった。

　一方、業況についてはクロス集計と同様、正の関係がみられる。「悪い」を基準として、「やや悪い」「やや良い」「良い」は有意である。「やや良い」「良い」の係数は同水準だが、「やや悪い」の係数よりも大きく、業況が良い企業ほど活動の成果があがる確率が高いといえるだろう。業況が良い中小企業には地域振興活動に力を入れられる余裕があることから、成果をあげやすいものと思われる。

　経営者の年齢については、クロス集計では39歳以下では「成果があ

表2−4　推計結果

推計方法：順序プロビット分析（ウェイト付け）

被説明変数：活動の成果（まったく成果があがっていない＝1、あまり成果があがっていない＝2、ある程度は成果があがっている＝3、十分な成果があがっている＝4）

説明変数	推計1 係数	推計1 標準誤差	推計1 t値	推計2 係数	推計2 標準誤差	推計2 t値	推計3 係数	推計3 標準誤差	推計3 t値
活動の種類									
商店街・中心市街地の活性化（該当＝1、非該当＝0）	-0.488	0.158	-3.09***	-0.541	0.162	-3.35***	-0.516	0.160	-3.22***
異業種交流や産学連携（同上）	-0.436	0.169	-2.58**	-0.450	0.174	-2.59***	-0.425	0.173	-2.45**
観光振興（同上）		(参照変数)			(参照変数)			(参照変数)	
農商工連携、地域資源の活用（同上）	-0.350	0.176	-1.99**	-0.361	0.178	-2.03**	-0.364	0.178	-2.04**
地場産業・伝統産業の振興（同上）	-0.630	0.188	-3.34***	-0.572	0.173	-3.3***	-0.628	0.190	-3.30***
中小企業への経営支援（同上）	-0.031	0.302	-0.10	-0.075	0.292	-0.26	-0.037	0.299	-0.12
新産業の創出（同上）	-1.135	0.397	-2.86***	-1.173	0.397	-2.96***	-1.146	0.382	-3.00***
創業支援（同上）	0.157	0.316	0.5	0.103	0.311	0.33	0.165	0.321	0.51
企業・工場等の誘致（同上）	-1.150	0.320	-3.59***	-1.168	0.314	-3.72***	-1.130	0.306	-3.70***
地元への移住の促進（同上）	0.027	0.508	0.05	-0.087	0.532	-0.16	-0.057	0.514	-0.11
その他（同上）	0.258	0.205	1.16	0.209	0.209	1.00	0.239	0.206	1.16
企業・経営者の属性									
従業者数（人、対数）	0.097	0.036	2.68***	0.093	0.036	2.58***	0.097	0.036	2.69***
加入団体の有無（あり＝1、なし＝0）	-0.041	0.200	-0.20	0.042	0.200	0.21	-0.011	0.200	-0.05
業況　悪い（該当＝1、非該当＝0）		(参照変数)			(参照変数)			(参照変数)	
やや悪い（同上）	0.230	0.139	1.66*	0.245	0.138	1.77*	0.246	0.138	1.78*
やや良い（同上）	0.527	0.142	3.72***	0.525	0.142	3.69*	0.521	0.142	3.67***
良い（同上）	0.498	0.224	2.22**	0.498	0.226	2.20**	0.505	0.222	2.27**
経営者の年齢（歳）	-0.005	0.004	-1.13	-0.005	0.004	-1.25	-0.005	0.004	-1.20
立地									
立地する市区町村の人口（2015年、人、対数）	-0.005	0.029	-0.17	—	—	—	—	—	—
東京特別区部ダミー（該当＝1、非該当＝0）	-0.280	0.165	-1.70*	—	—	—	—	—	—
過疎地域指定ダミー（該当＝1、非該当＝0）	-0.132	0.089	-1.49	—	—	—	—	—	—
人口増加率（1995年−2015年、％）	—	—	—	0.000	0.003	0.05	—	—	—
地域圏の区分　大都市圏中心市（該当＝1、非該当＝0）	—	—	—	—	—	—	0.139	0.122	1.14
大都市圏周辺市町村（同上）	—	—	—	—	—	—	0.001	0.202	0.00
都市圏（同上）	—	—	—	—	—	—	0.140	0.123	1.14
地方圏（同上）	—	—	—	—	—	—		(参照変数)	
活動の体制（公的な組織等の利用状況：活動当初に利用した＝1、利用していない＝0）									
人材　メンバー等での結束（該当＝1、非該当＝0）	0.110	0.089	1.23	0.126	0.087	1.44	0.123	0.087	1.41
メンバー等の多様性（同上）	0.137	0.087	1.58	0.083	0.081	1.03	-0.041	0.119	-0.34
適格なリーダー（同上）	-0.038	0.119	-0.32	-0.043	0.119	-0.36	0.052	0.106	0.49
資金（同上）	0.214	0.115	1.86*	0.186	0.120	1.54	0.191	0.119	1.60
組織の能力　アイデア・企画力（同上）	-0.246	0.121	-2.04**	-0.248	0.120	-2.07**	-0.258	0.118	-2.19**
情報発信力（同上）	0.068	0.094	0.73	0.073	0.094	0.78	0.078	0.094	0.84
組織のもつ実行力（同上）	-0.168	0.098	-1.72*	-0.183	0.100	-1.83*	-0.114	0.092	-1.24
人的ネットワーク（同上）	-0.241	0.132	-1.83*	-0.250	0.133	-1.89*	-0.185	0.099	-1.86*
外部の協力・理解　明確なビジョン・活動目的の共有（同上）	0.002	0.091	0.02	-0.006	0.092	-0.05	-0.252	0.133	-1.90*
地方自治体の協力・支援（同上）	-0.408	0.122	-3.34***	-0.409	0.123	-3.34***	-0.416	0.122	-3.40***
地域住民の理解（同上）	0.002	0.114	0.02	0.014	0.102	0.14	0.008	0.102	0.07
その他（同上）	0.012	0.122	0.09	0.038	0.123	0.31	0.031	0.122	0.25
閾値1	-2.054	0.489		-1.882	0.442		-1.838	0.373	
閾値2	-0.646	0.494		-0.478	0.455		-0.431	0.373	
閾値3	1.669	0.507	3.25***	1.826	0.455	2.77***	1.876	0.375	2.72***
観測数	1,262			1,264			1,264		
Waldχ²乗値	182.12***			171.35***			172.69***		
疑似対数尤度	-1063.0			-1068.6			-1067.0		
疑似決定係数	0.089			0.087			0.088		

（注）＊＊＊は有意水準1％、＊＊は同5％、＊は同10％を意味する。

がっている」とする割合は高かった。推計では、年齢の係数は負である
ものの、有意ではなかった。なお表には示していないが、クロス集計と
同様に年齢を5階層に分け、それぞれのダミー変数を説明変数にする
と、39歳以下は40歳代以降の年齢階層と比べて成果があがる確率が有意
（5％水準）に高いという結果になった。39歳以下の若い経営者は本業
のかたわらで地域振興活動にも力を入れられるだけの体力や意欲がある
ことや、新しい発想をもとに活動に取り組むことから、活動の成果をあ
げやすいものと思われる。

　③立地に関しては、クロス集計と同様、立地する市区町村の人口、過
疎地域指定ダミー（以上、推計1）、人口増加率（推計2）、地域圏区分
（推計3）のいずれも有意な結果とならなかった。なお、推計1では東
京特別区部ダミーは有意ではあるが、係数は負である。人口規模が小さ
い地域や過疎地域、人口が大きく減っている地域では経済振興活動の成
果があがりづらいと思いがちであるが、推計結果によると必ずしもそう
とはいえない。

　④活動の体制のうち、公的な補助金等の利用状況（活動が始まったこ
ろ）は正の係数であるが、有意ではない。必ずしも公的な補助金等を活
動当初に利用したからといって、成果が高まるとはいえない。なかに
は、利用できそうな補助金等があったから、活動に取り組んだに過ぎな
いというケースもあるものと思われる。そうしたケースでは十分な成果
を得にくいのであろう。

　次に、活動に不足する要素はどうか。推計結果では、「メンバー等の
多様性」「適格なリーダー」「情報発信力」「組織のもつ実行力」「明確な
ビジョン・活動目的の共有」「その他」が有意であった。ただし、「メン
バー等の多様性」は正の係数であり、「メンバー等の多様性」が不足し
ているほど活動の成果があがる確率が高いことになる。それ以外は負の

第2章　地域経済の振興に取り組む中小企業 | *59*

係数であり、例えば「適格なリーダー」が活動に不足していると成果が
あがる確率が低いということになる。したがって、「適格なリーダー」
「情報発信力」「組織のもつ実行力」「明確なビジョン・活動目的の共有」
は活動の実効性を高めるために必要な要素だといえる。この点について
は、次に紹介する事例が典型的である。

(8)【事例】中心市街地にホテルを誘致〜島根県江津市

　島根県江津市（人口２万4,450人）は、石見地方の地場産業である石
州瓦の主産地である。また日本製紙などの誘致工場も地域の発展を支え
てきた[5]。

　しかし、2007年に石州瓦の大手業者が倒産、また2010年には誘致企業
である大手電子部品工場が撤退するなど、地域経済は地盤沈下の傾向に
ある。江津駅前の中心市街地においても、モータリゼーションの進展に
伴って空洞化が進み、1998年には核店舗であったスーパーが閉店するに
至った。

誘致活動に苦労

　2003年ころには江津駅前のビジネスホテルが廃業した。稼働率は悪く
はなかったものの、後継者がいなかったことと老朽化によって廃業を決
断したという。このため、工場設備の保守・修理、営業活動など商用で
来市する宿泊客は隣接する浜田市（人口５万8,120人）へと流れ、夜の
街がいっそう寂しくなった。また、各種大会を誘致する際にビジネスホ
テルがないことも障害となっていた。

　こうした状況を受け、2008年ころから江津商工会議所の地域開発委員
会は中心市街地へビジネスホテルを誘致することを検討した。委員長を

5　島根県江津市については第3章の事例4（121ページ）も参照。

務めるのは、同市に本社を置く今井産業（建設業、従業員250人）の今井久師社長である。

　誘致の前提として、ホテルに対する需要があることを示さなければならない。そこで同委員会はまず、市内の企業や官公庁に対してアンケート調査を行った。このような調査は商工会議所の組織力があればこそのものだ。

　調査の結果、企業等への訪問者による宿泊需要が見込まれることが明らかになった。この調査結果をもって、今井委員長や江津市の関係者はホテル会社を訪問し、出店を打診した。訪問したホテル会社は20社近くにものぼった。しかし、建設費を回収してビジネスホテルを採算に乗せるには100室程度の規模が必要だが、人口2万5,000人程度、大きな観光地もない江津ではそれだけの市場規模が見込めない、となかなか色よい返事はもらえなかった。打診先の一つであったスーパーホテルが行った市場調査では、6段階評価のうち最も低い評価だったという。

フランチャイズチェーン方式で実現にめど

　誘致を模索するのと並行して、地元主導でホテルを建設する計画も立案した。需要調査によって50室近くの需要があると見込んでいたことから、60室規模でラフな案を作成した。すると、スーパーホテルが、地元にそこまでの熱意があるのならフランチャイズチェーン（FC）方式ではどうかともちかけてきた。2012年のことである。これを機に、計画は実現に向けて大きく進展した。

　まず場所の確保である。立案当初は駅前のビルを解体して建設しようと考えていたが、地権者が多く入手が困難であった。そこで、商店街の一角、かつて家具店が立地していた跡地（約1,000㎡）を利用することにした。今井産業など市内の建設会社6社が設立したフォアジー有限責

任事業組合（LLP）が、2010年ころに中心市街地の活性化に役立てればと考えて先行取得していた土地である。もともとはホテル建設の敷地に想定していたわけではなかったが、駅から歩いて数分のところにあり立地は悪くなかった[6]。

市民による市民のための宿泊施設を目指す

次は、スーパーホテルのFC加盟企業としてホテルを運営する会社の設立と資金調達だ。2012年12月26日に、商工会議所の役員などが発起人となって株式会社江津未来開発を資本金500万円で設立し、今井会長が代表者に就任した。

そして、ホテル建設などの事業費に充てるために、企業や市民などに広く出資を募ることにした。総事業費4億7,000万円（当初）に対して、出資の募集目標は第1次募集、第2次募集を合わせて約2億円だった。市民などを対象に説明会を5～6地区ごとに2回ずつ開催したほか、今井会長は企業や医師会などの団体をまわった。また、関東や関西、広島の江津会（江津市出身者で組織されている各地の親睦団体）の会合にも出かけて事業計画を説明し、出資を要請した。

今井委員長は「市民による市民のための宿泊施設」を目指し、たとえ小口であってもより多くの人から広く出資を受け入れる方針だった。市民をはじめ関係者に関心をもってもらい、応援してもらいたいと考えていたからだ。だからこそ、今井委員長は多くの説明会に足を運んだのである。また、江津駅前地区活性化推進協議会の機関誌に登場したり、ごうつまちづくりフォーラム（2013年3月開催）のパネルディスカッションに参加したりするなど、情報の発信に努めた。

その結果、地元の企業、市民を中心に、94の法人と142人の個人に募

6　この土地は、同LLPが株式会社江津未来開発（後述）に現物出資した。

集株式すべてを引き受けてもらうことができた。残る費用は借入金で調達した。その金額は3億8,000万円。建築費の高騰と建設仕様の変更によって総事業費が高まったことから、当初の想定よりも多くなったが、江津市からの融資[7]で賄った。このときも今井委員長は市議会に呼ばれて説明を行った。

　2015年12月25日に「スーパーホテル江津駅前」は営業を始めた。客室数71で70％の平均稼働率を見込んでいる。翌1月、2月と実績はこの目標を上回り順調な滑り出しである。満室である日も少なくない。設備の保守など、商用で江津を訪れた10泊程度の長期宿泊客が多いという。従来は浜田市などに流出していた宿泊客だと思われる。ホテルの周辺の江

多くの市民の出資で完成したスーパーホテル江津駅前

7　財源は、島根県市町村振興資金とふるさと融資（地域総合整備財団）。

津万葉の里商店会には飲食店が新たに出店し、宿泊客で賑わうなど、ホテル出店の効果が現れている。

今井会長は、先に述べたように地域の有力企業を経営しており、江津市建設業協会の会長や商工会議所の相談役議員、江津市有識者会議の座長など、地元経済界で多くの役割を果たしている。誰もが「リーダー」として認める経営者だ。その今井会長が「市民による市民のための宿泊施設」という「明確なビジョン」を示し、その実現に向けて会長をはじめメンバーが市民や議会に対して「情報発信」し、需要調査やホテル会社との交渉、出資の募集などを次々に「実行」に移す。地域開発委員会の事務局などとして商工会議所が関与していたことも、実行力を高めた背景にあるだろう。

本事例はこのようにみていくと、計量分析で示された「適格なリーダー」「情報発信力」「組織のもつ実行力」「明確なビジョン・活動目的の共有」が地域振興活動の実効性を高めた典型例だといえるだろう。

④ まとめ

本章では中小企業に対するアンケート調査をもとに、中小企業やその経営者が取り組む地域経済振興活動についてみてきた。その結果、以下の3点が明らかになった。

まず第1点は、中小企業のうち25.9%が地域経済を振興する活動に取り組んでいることである。とりわけ、相対的に規模が大きく、業歴が長く、業況が良好な企業、つまり地域における有力中小企業ではその割合が高い。また、商工会・商工会議所などの団体に加入している企業、事業承継の見込みが高く将来にわたって地域経済に関与する企業において

も、地域経済振興に取り組む割合が高い。

　また、人口規模が小さく、人口減少率が高い市町村、地方圏といった、経済振興活動を必要とする地域に立地する企業ほど、取り組み割合が総じて高い。

　一方で、地域経済振興活動に取り組まない企業も存在する。その理由として「時間の余裕がないから」「経済的に余裕がないから」など、余裕がないことをあげる割合が、主として規模の小さい企業で高い。逆にいうと、地域における有力中小企業では活動に取り組む余裕があることが取り組み割合を高めている要因の一つであるということだ。

　第2点は、地域経済を振興する活動に取り組む背景には、自社に対するメリットを求める意識と、地域の企業や住民として当然のことだという意識の両方がうかがえることである。

　第3点は活動の成果についてである。

　人口規模が小さい地域や過疎地域、人口が大きく減っている地域などは、経済振興を行うには不利な立地だと思われがちである。しかし、活動の成果はこうした立地によって有意な差は生じていない。また、活動に取り組みはじめたころに補助金などを受けるケースは少なくないものの、そのような活動の成果は有意にあがるとはいえない。むしろ企業の規模や業況など、活動に取り組む主体の特性によって活動の成果は左右される。さらに「明確なビジョン・活動目的の共有」「適格なリーダー」「情報発信力」「組織のもつ実行力」も活動の成果を左右する。

　地域経済振興活動に取り組む中小企業、とりわけ有力中小企業が地域により多く存在すること、そして明確なビジョン・活動目的を共有し、適格なリーダーや実行力、情報発信力を備えた実効性の高い活動体制を整えることが、地域経済を振興するには重要である。

第3章

事例編

日本政策金融公庫総合研究所
主席研究員　村上 義昭
主席研究員　深沼　光
主任研究員　渡辺 綱介

総　論

地域振興活動のキーワード

本章では、地域経済を振興する活動に取り組む９地域の事例調査をもとに、その成功要因を探る。

取り上げる地域は事例一覧表（78ページ）に掲載した４市３町２村である。人口規模が最も大きいのは愛媛県四国中央市（８万7,467人）、最も小さいのは和歌山県北山村（446人）である。相対的に規模の小さいところが多い。９地域の高齢化率（総人口に占める65歳以上の比率）は全国平均（23.0％、2010年）を上回っている。和歌山県北山村（50.4％）や島根県美郷町（42.6％）のようにきわめて高い地域もある。いずれの地域も、条件不利地域といってよいだろう。

そうしたなかで、これら９地域における活動は成果をあげている。その成功要因は、「助走期間」「継続する体制」「独自性」「誘発」という四つのキーワードにまとめられる。

助走期間

第１のキーワードは「助走期間」である。事例一覧表には、事例で取り上げる主な活動がいつ始まったかを示している。ここ数年以内に始まった活動もあるが、10年以上前に始まったものも少なくない。なかには、**和歌山県北山村**（事例３）のように、30年以上も前、1982年に同村特産の香酸柑橘「じゃばら」を用いた製品づくりに着手したところもある。北山村のじゃばら製品は2001年ころから注目されるようになった。助走期間は実に20年近くにのぼる。

コンセンサスの獲得

地域経済に多少なりともインパクトをもたらす活動は、一朝一夕にできるものではない。その理由は三つ指摘できる。

一つは、活動に対する地域のコンセンサスを獲得する必要があるから

である。活動は一人ではできない。できたとしても、地域経済にインパクトをもたらすことは難しいだろう。目的を共有する仲間と組織を結成したり、協力者を得たりしなければならない。それには、地域において活動に対する理解を獲得する必要がある。

島根県美郷町（事例5）の合同会社だいわもんどは、近隣に商店がない買い物困難地域において道の駅の機能を拡充し、食料品や日用品を販売する商店などを運営している。地域住民117人が出資し、2014年に設立された企業である。設立は最近だが、何もないところにいきなり同社が設立されたわけではない。2008年に地区の四つの自治会などによって組織された、都賀・長藤地域協議会が同社の母体となっている。同協議会は、イベントを開催したり、地域おこし協力隊を受け入れて農業振興や産直市などに取り組んだりしていた。こうした取り組みを通じて、地域としてのまとまりがあったことが土壌となり、同社を設立することができたといえる。

紙関連製品の一大産地である**愛媛県四国中央市**（事例8）は、2010年に愛媛大学大学院の農学研究科紙産業特別コース（現・生物環境学専攻バイオマス資源コース）を誘致し、2014年には愛媛大学産業技術研究所紙産業イノベーションセンターが設置されるなど、産学官連携体制が構築されている。その契機となったのは、2006年に市と大学とが連携協定を締結し、大学のサテライトオフィスが設けられたことである。とはいえ、当初は地元企業から研究協力の依頼がまったくなく、連携は不調であった。事態を打開するため、大学側から市の主要な企業経営者との意見交換会を開催したいと申し入れがあった。このとき、企業経営者や技術者、商工会議所や市役所の職員などをメンバーとする懇談会がすでにあったことが役立った。大学と本音ベースで意見交換することができ、大学院の誘致につながった。また、大学院の授業に地元企業がさまざま

な協力を行っているのも、意見交換会の場などを通じて、企業に理解が進んだからである。

リーダーシップとネットワーク

　助走期間が必要な二つめの理由は、リーダーとしての能力を獲得したり、人的ネットワークを構築したりする必要があるからである。それにはある程度時間がかかる。

　第2章でみたように、活動の成果をあげるためには適格なリーダーが重要である。だとすれば、リーダーとなるべき人がリーダーとしての能力を養成したり、周囲からリーダーとして認められたりするような過程が必要だろう。また、活動の担い手となる組織を結成する場合、活動目的を共有できるメンバーを集めるには、人的ネットワークが重要である。他の組織や人と連携して活動を行う場合も同様だ。

　瀬戸内海に浮かぶ大小20を超える**愛媛県上島町**（事例7）で、株式会社しまの会社やNPO法人弓削の荘などの代表者として活躍する村上律子さんの原点は、1993年に結成された「ゆげ女性塾」にある。

　当時、村上さんは旧弓削町役場に勤務していた。女性塾は男女共同参画型社会の確立を目指す施策に関連して、島の各地区から選ばれた女性をメンバーとするグループである。村上さんはリーダーを任され、『弓削民俗誌』（1998年）の編纂をはじめ、さまざまな活動に取り組んだ。この女性塾の活動を機に、島の女性たちが活動することに対する理解が進んだという。また、リーダーとしての村上さんに対する信頼も高まったものと思われる。このときの活動があったからこそ、2008年に村上さんが中心となってしまの会社を設立する際、島民約60人から出資を受け、多くの仲間からコミュニティカフェの運営や配食サービスの提供などの活動に協力を得ることができたのだ。また、女性塾で獲得した内外

の人的ネットワークもその後の活動に生かされている。

経験や試行錯誤から得られるノウハウやアイデア

　助走期間が必要な三つめの理由は、経験や試行錯誤を重ねなければならないからである。他の地域で取り組まれていない、地域独自の活動に取り組む場合はなおさらである。どうすれば成果が得られるかは、やってみなければ分からない。だからこそ経験や試行錯誤が重要だ。

　岩手県雫石町（事例２）は「軽トラック市」（略称「軽トラ市」）発祥の地として知られている。軽トラ市とは、商店街などに多くの軽トラックを並べ、その荷台に商品を置いて販売する朝市である。現在、軽トラ市を定期的に開催する地域は全国で100カ所以上にのぼるといわれているが、同町が手がけたときは手探りの状態だった。このため、回を重ねることで運営のノウハウを獲得していった。

　例えば、出店者の確保である。初回（2005年７月）は地元の農家を中心に出店者を何とか確保したが、その後次第に減少傾向を示した。このため２年目からは、農作物をメーンとしながらも、それ以外に県内沿海部の水産加工業者や飲食関連業者など、さまざまな業者に声をかけた。いまでは、ペットや木工品、中古車、薪ストーブなど、さまざまな商品を取り扱う業者が出店している。出店者を確保するための策ではあったが、来場者にとっては何度来ても飽きない。出店者が多様化することで、当初は高かった来場者の年齢層が平準化することも判明した。開催するイベントについても、回を重ね企画に工夫を凝らすことで、企画や運営のノウハウを蓄積していった。

　経験や試行錯誤を重ねるなかで、新しいアイデアやチャンスが得られることもある。

　北山村では、村に自生していた香酸柑橘「じゃばら」がほかにはない

品種だと分かったことから、村役場が中心となって特産品として売り出すことにした。当初は生果のまま販売しようとしたが、知名度がなく利用方法が一般に知られていなかったことから、なかなか売れなかった。果汁や清涼飲料、ポン酢などの製品を開発したり、インターネット通販サイトに出店したりしたが、売り上げは伸びなかった。

じゃばら製品が飛躍するきっかけとなったのは、村役場の担当者がある顧客の声を聞いたことである。その顧客は、以前から年に何回か20キログラム単位でじゃばらの生果を購入していた。職員は不思議に思い、なぜそんなに購入しているのかを尋ねたところ、1日1個、朝夕に果汁をしぼって飲むと花粉症の症状が楽になるという答えが返ってきた。そこで、花粉症に効果があるかどうかをモニター調査で確かめ、その結果をもとに売り出したところ、マスコミに取り上げられ大ヒットしたのである。

継続する体制

第2のキーワードは「継続する体制」である。これは、主として地方自治体が取り組む活動に当てはまることだ。

例えば、市役所の職員が中心となって地域振興に取り組むケースは少なくない。その職員がリーダーシップを発揮して成果があがったとしても、異動してしまえば活動自体が続かなくなるおそれがある。必ずしも後任者が熱意をもって取り組むとは限らないし、リーダーとしての適性が乏しいかもしれない。数年で異動するとノウハウも蓄積されにくい。

このようなケースでは、属人性を排して継続する体制を構築する必要があるだろう。

島根県江津市（事例4）は2010年から江津市ビジネスプランコンテスト、略称「Go-Con」を開催している。ソーシャルビジネスに特化した

ビジネスプランコンテストである。地域の課題を解決する起業家を江津市に「誘致」しようと始めたものである。初年度は発案者である江津市役所の中川哉さんが中心となり、Go-Con の仕組みづくりに取りかかった。総務省の交付金を利用して、事業の推進母体となる委員会を立ち上げた。起業家支援を手がける東京の NPO 法人などを委員に委嘱し、運営に関してさまざまなアドバイスなどを得た。その結果、初年度のコンテストは盛況のなかに終えることができた。

　ただ、重要なのはコンテストで入賞者を決めることではない。入賞者に創業してもらわなければ、地域経済の振興にはつながらない。入賞者の創業に向けてさまざまな支援を提供しなければならないが、それにはノウハウが必要であることから行政の手に余る。また、2年目以降も引き続き Go-Con を円滑に運営する必要もあった。そこで中川さんは、以前からつきあいのあった地域のキーパーソン数人に声をかけ、NPO 法人てごねっと石見を設立した。同法人は、創業支援をはじめ事業を実際に手がける組織である。2年目以降の運営等は市が同法人に委託することで、Go-Con は大きな成果をあげている。

独自性

　第3のキーワードは「独自性」である。ある地域で成功した取り組みを、他の地域が模倣し追随するケースが少なくない。しかし、本章で取り上げる9事例はいずれもその地域において始まった、独自性の強い取り組みである。

　例えば、**広島県安芸高田市**（事例6）の安芸高田市「地域人材コンソーシアム」（通称「あきたかたコンソ」）は地域の人材育成に取り組んでいる。その活動の一つである人材の企業間ローテーションとは、地域の企業同士が短期出向という形態で行う人材交流である。たんに、閑散

期の企業から繁忙期の企業に人材を送り出して人材を地域内で有効活用するということだけではなく、受け入れ企業にとっては出向者から自社にはないノウハウを得たり、従業員が刺激を受けたりするという効果が期待できる。出向者自身にとっても他社での経験が新たな知識などを獲得する契機となり、送り出し企業の活性化につながる。安芸高田市で企業を経営する有田さんが発案したアイデアが経済産業省に採用されて実現した、新しい事業である。

あるいは、先に紹介した雫石町の軽トラ市も、同町で始まった独自の取り組みである。

地域資源の活用を追求すれば独自性が生まれる

活動の成果をあげるには、地域の資源などを最大限に生かさなければならない。しかし他地域の活動を模倣すると、ある資源は不足しある資源は十分に活用されないという事態が生じる。地域ごとに資源の分布は異なるからである。自分たちの地域の資源を最大限に活用しようとすれば、独自性を追求せざるを得ない。

例えば軽トラック市を開催する場合、立地が重要である。発祥の地、**雫石町**は盛岡市やその衛星都市である滝沢市など、産直市に足を運ぶ都市住民が多く住む地域に近い。それに加えて、町の主要産業は農業である。稲作だけではなく、野菜、花卉、畜産物などさまざまな作物を生産している。このため、地元出店者を確保しやすく、しかもさまざまな農作物が軽トラの荷台に並ぶ。雫石町の軽トラック市は、都市に近く、多様な農作物を生産していることを十分に活用する独自の企画であったことが、成功要因の一つだといえるだろう。

一次産品を利用した取り組みだと、より分かりやすい。一次産品は地域固有の資源だからである。

北海道中札内村（事例１）では、中札内村農業協同組合が冷凍枝豆を特産品として売り出し、成功を収めている。中札内村は、夏の気候が冷涼で寒暖差があることから枝豆の栽培に適している。また、通常は10月に収穫される豆類には霜害のおそれがあったが、未成熟の大豆である枝豆は９月中に収穫できるのでその心配も少なく、その後に秋まき小麦を植えることもできる。良質な枝豆の栽培に適した条件が整い、また枝豆の栽培が地域にとっても好都合であった。だからこそ、地域の特産品となったのだ。

もちろん、地域の特産品には独自性があるからといって、それだけで売れるわけではない。販売にあたっての工夫なども必要だ。中札内村農協でも、販路を開拓するために、組合長自身が全国の食品問屋や飲食チェーンなどを回って営業活動を行ったり、百貨店の北海道物産展といった催事にも積極的に出展したりした。また最近では、海外市場の開拓にも力を入れており、現在は10カ国に輸出している。

模倣するなら本質を理解しなければならない

他地域の活動を模倣することで、自分たちの地域の資源を十分に活用できるのであれば、やってみる価値はあるかもしれない。しかし、その場合は、他地域の活動の表面だけをなぞるのではなく、本質を理解しなければならない。

江津市が開催しているビジネスプランコンテスト、Go-Con の本質は、地域振興の担い手が次々に生まれる仕組みにある。コンテストの入賞者が創業するだけではない。てごねっと石見が核となって、地域にさまざまな人材を呼び寄せたり、人材が出会ったりする機会を提供しており、その結果として、地域を元気にする人材を輩出しているのである[1]。

---

1 この点については事例４で詳述している。

近年、ビジネスプランコンテストを開催する地方自治体は少なくない。なかには、江津市の取り組みに刺激されてコンテストを開催し、入賞者に高額の賞金を授与するところもある。だが、それらをみると必ずしも成功しているとはいえないようだ。模倣する場合は、Go-Con の本質である人材を輩出する機能を含めて模倣しなければ、成果をあげるのは容易ではないだろう。

多様な取り組みを誘発

第4のキーワードは「誘発」である。ある活動が引き金となって、地域内にさまざまな活動が誘発されることが重要である。一つの活動でできることにはかぎりがあるからだ。経済規模の小さい村レベルであればまだしも、市や町レベルの経済規模になると、一つの活動だけで地域経済にインパクトを及ぼすのは難しい。ある活動が引き金となって、多様な取り組みを担う人が次々に現れることが求められる。

例えば、**高知県土佐清水市**（事例9）には土佐食株式会社という第三セクターがある。地元で水揚げされるソウダガツオの多くは宗田節に加工されていたが、それ以外の用途を開発することで付加価値を高めるとともに、ソウダガツオの魚価の安定を図るために1993年に設立された。最初に開発した「姫かつお」は、茹でたソウダガツオの骨を抜き、醤油味やショウガ味などのタレに漬け、焼いて成形したものである。ほどよい大きさのスティック状なので食べやすく、お酒のおつまみなどに最適である。当初は販路の開拓に苦労したが、設立の3～4年後には同社の経営は軌道に乗った。さらに、2000年ころに売り出したペットの猫のおやつ「焼かつお」が大ヒットし、業績が急拡大した。

その後、ソウダガツオだけでなく、地域の農水産物を広く利用して特産品を販売するもう一つの第三セクター・株式会社土佐清水元気プロ

ジェクトが設立され、ヒット商品を生み出している。土佐食という成功
事例があったことで、新たな第三セクターを円滑に立ち上げることができたのだ。また業務用の宗田節をつくっていた宗田節加工業者においても、土佐食の成功によって一般消費者向けの商品に目を向け、新製品を開発する動きがみられるようになってきた。さらに、株式会社ウェルカムジョン万カンパニーという新たな企業も生まれ、同社が開発した「だしが良くでる宗田節」[2]がヒットしたことで、同様の製品を売り出す後発企業も現れている。

　このように、さまざまな活動が誘発されることで、地域経済にインパクトを及ぼすことができるのではないだろうか。

＊　　＊　　＊

　2016年3月末までにほとんどの地方自治体が地方版総合戦略を策定した。今後は戦略に盛り込まれた事業が実施される。その成果があがるようになるには相応の時間がかかるかもしれない。だが、独自の活動に取り組み、継続する仕組みを構築し、多様な取り組みを誘発することで多くの成功事例が生まれるであろう。

（村上　義昭）

2　詳細は事例9を参照。

事例一覧表

番号	都道府県 市町村	市町村の概要			
		人 口 （2015年）	高齢化率 （2010年）	人口増加率 （1995年→ 2015年）	事業所数 （2014年）
1	北海道 中札内村	3,969人	24.9%	▲8.1%	219
2	岩手県 雫石町	16,967人	28.8%	▲12.4%	756
3	和歌山県 北山村	446人	50.4%	▲24.8%	35
4	島根県 江津市	24,450人	33.2%	▲20.5%	1,286
5	島根県 美郷町	4,899人	42.6%	▲32.1%	280
6	広島県 安芸高田市	29,485人	35.2%	▲17.7%	1,357
7	愛媛県 上島町	7,122人	37.7%	▲24.1%	331
8	愛媛県 四国中央市	87,467人	25.9%	▲8.6%	4,328
9	高知県 土佐清水市	13,780人	39.2%	▲29.6%	915

資料：総務省「国勢調査」「経済センサス－基礎調査」
（注）　1　人口は国勢調査2015年速報値である。
　　　　2　1995年から2015年の間に合併した市町村の人口増加率については、合併前の市町村の人口を合算して
　　　　　算出した。

主要産業	事例で取り上げる主な活動		
	概　要	主　体	開始時期
農　業	冷凍枝豆の商品化	農業協同組合	1984年
農林・観光業	軽トラック市の開催	商工会など	2004年
観光業	「じゃばら」製品の開発	村役場	1982年
製造業	ビジネスプランコンテストの開催	市役所、商工会・商工会議所、NPO法人など	2010年
農林業	①駆除イノシシを用いた特産品づくり	町役場、農家、住民	1999年
	②空きスーパーの再開	商工会	2010年
	③住民によるレストラン・商店の経営	住　民	2014年
製造業	企業間の人材交流、人材育成	NPO法人、企業連合など	2013年
製造業	①コミュニティカフェを中心とする活動	企業、住民	2008年
	②天然塩の製造	NPO法人	2010年
	③コミュニティビジネス	NPO法人、企業	2003年
	④就　農	個　人	2014年
製造業	大学院誘致による産学官連携	市役所、商工会議所、業界団体・企業、大学	2008年
水産・観光業	ソウダガツオなどの加工品の開発	第三セクター、企業	1989年

事例1

冷凍枝豆で
中札内ブランドをアピール
～北海道中札内村～

広がる広大な農地

　中札内村は、北海道十勝平野の南西部に位置する。12月から3月までの冬期は平均気温がマイナスで、最高気温が氷点下となる日も珍しくない厳しい気候である一方、夏は冷涼で日照時間も長く、水源にも恵まれている。そのため、村の総面積293平方キロメートルのうち、山岳部を除いたほとんどが農地として利用されており、耕地面積は約70平方キロメートルに及ぶ。農家一戸あたりの耕地面積は約41ヘクタールと非常に規模が大きく、村内にはヨーロッパを思わせるような広大な畑や牧場が広がっている。農業の生産性も高く、中札内村農業協同組合（以下、中札内村農協）の組合員の平均所得は2014年には1,846万円で、全国の農協でトップとなった。

　この中札内村の特産品として、いま、枝豆が注目されている。枝豆といっても、生ではない。液体窒素で瞬間凍結された冷凍枝豆だ。茹でて塩味をつけたものを冷凍しているため、解凍するだけですぐに食べることができる。主力製品の「そのままえだ豆」は、130グラム、200グラム

「そのままえだ豆」

といった家庭用のパッケージから、10キログラムの業務用バルクまで取りそろえる。収穫したての風味が保たれるうえに長期保存が可能という特性を活かし、日本国内だけではなく海外にまで出荷されており、2015年の生産高は約2,000トン、売上高は約23億円に達している。これが認められ、農協の枝豆事業部会は、2016年3月に第45回日本農業賞大賞を受賞した。2016年8月には、さらに生産を増やすために第二工場を稼働させる予定である。しかし、ここまで至る道のりは、必ずしも平坦ではなかった。

　中札内村は明治時代の終わりころから本格的な入植がはじまり、1947年に大正村から分村独立した後も、農地は拡大していった。しかし、平均気温が低く、機械化もほとんど進んでいなかったことから、当時は農業の生産性は低かったという。1960年代以降、もともと行われていた大豆や小豆など豆類、ビート（甜菜）、じゃがいも、小麦の栽培に加え、大規模な酪農、養豚、養鶏（食鶏と採卵鶏）と組み合わせた資源循環型農業の推進、中札内村農協主導の積極的な大型機械の共同導入などにより、徐々に農家の所得も増加していった。そのなかから、中札内たまご、中札内田舎どり、といった中札内ブランドも生まれている。しかし、輸入農作物との競争のなかで、既存の作物だけでは価格競争によって採算が悪化するのではないかという懸念は、常につきまとっていた。

伸び悩んだ冷凍枝豆事業

　そのような状況のなか、第5の作物として注目されたのが枝豆だった。中札内村では、通常、豆類は10月に収穫される。ただ、年によっては霜の被害を受け、収穫量が激減することがあった。枝豆は未成熟の大豆であり、9月中には収穫できる。そのため霜害の心配が少なく、その後に秋まき小麦を植えることもできるため、畑地の有効利用にもつなが

る。生の枝豆は出荷時期が限られるため大量につくっても販売が難しいが、冷凍すれば通年の需要が見込まれる。帯広畜産大学の専門家に調べてもらったところ、冷涼で寒暖差のある夏の中札内村の気候が、枝豆の栽培に非常に適していることも分かった。そこで1984年、農協主導のもと3戸の農家が試験的に枝豆の栽培を始めた。当時の生産量はわずか3トンだったが、作付けはうまくいったことから、少しずつ栽培農家が増え、1989年には20戸の農家で「枝豆作る会」が設立された。農協の冷凍加工工場が完成した1992年には、生産量は96トンにまで達した。

　導入した冷凍設備は他に類を見ない最新のものだった。通常、冷凍枝豆はマイナス20〜35度程度の冷凍庫に枝豆を入れてつくられる。一方、中札内村で採用された方法は、マイナス196度の液体窒素を枝豆の上に散布して凍らせるもので、通常の方法に比べて凍結速度が速く、解凍したときに元の風味や食感がそのまま残るという特長がある。この方法を取り入れたのは、おいしい枝豆を一年中消費者に味わってもらいたいという思いからだった。

　ところが、それからしばらくの間、枝豆事業は低迷を続ける。販売量が伸びず、生産量も多い年で300トン弱にとどまった。農協の事業としても、毎年累積赤字が膨らむ一方であった。

　その理由は、価格が高すぎたことだった。冷凍工程で使用する液体窒素はもともと高価なうえ、200キロ離れた苫小牧からタンクローリーで運んでこなくてはならない。そのため製造コストがかさみ、販売価格も通常の冷凍枝豆よりかなり高価になった。しかし当時は、その値段でも買ってくれる販売先が十分には確保できていなかった。少々値段が高くても品質を重視する生協には納入が始まったものの、それまで農協と取引があったところに売り込んでみても、なかなかうまくいかなかった。食べてみると確かにおいしい。けれども、販売量が伸びない。

販路開拓に全国行脚

　2002年に現中札内村農協組合長の山本勝博氏が農協の経営を任されたのは、そうした状況が何年も続き、設備投資資金の返済負担が農協の経営を圧迫していたころだった。このままでは冷凍枝豆事業からの撤退も考えなければならないと、自らも畑作農家として枝豆の栽培に取り組んできた山本組合長は、大きな危機感をいだいた。

　そこで、まず取り組んだのは、まったく新しい販路の開拓だった。これまでの農協の販売ルートでは、どうしても他の国内産や外国産と価格で比べられてしまう。高品質であれば値段が高くても買ってくれる顧客を探す必要があった。

　そこで、サンプルを抱えて、帯広や札幌といた北海道内だけではなく、全国の食品問屋や飲食チェーンなどに、組合長自らが直接営業を行った。百貨店の北海道物産展など催事にも積極的に出展するようにした。こうしたイベントは一般消費者向けと見られがちだが、実は各地の

中札内村の枝豆圃場

食品問屋、飲食店、地元小売店などの担当者も、取扱商品を探しに訪れているという。そのようなルートへの販路拡大をねらったものだった。この取り組みは現在も続けており、2015年は約30件の催事に参加している。

このような積極的な営業活動の結果、中札内枝豆の良さが徐々に理解されるようになり、定期的な取引先は400社を超えた。2015年には枝豆の生産量は約2,000トンまで増え、出荷額も23億円を超えるまでになった。

消費者に認められる品質を目指す

営業活動と併行して実践したのが、値段に納得してもらえるように、品質と安全性をさらに向上させることである。とれたてのおいしさを損なわないようにするため、常に効果的な冷凍方法を研究し、製造プラントにも少しずつ改良を加えていった。残留農薬の検査は、収穫前の畑での検査、工場搬入時の検査と、2回実施している。工場には外部から虫などが入らないよう密閉式とし、工場で働く職員全員に食品衛生責任者の資格を取得させた。2010年には北海道HACCPの認証も受けている。

収穫してから冷凍するまでの時間をできるだけ短くするために、冷凍工程だけではなく、収穫作業からパッケージングに至るまでの工程にも工夫をこらした。現在のプラントでは、収穫された枝豆がトラックで到着すると、産毛をとった後水洗いし、機械と目視による選別によって、枝などの異物や虫食いなどを除去する。次に、熱湯のシャワーと蒸気により枝豆を加熱し、塩味を付ける。そして、液体窒素のシャワーのフリーザーの中を通して一気に冷凍し、いったん冷凍庫に保管する。「収穫から凍結までの時間は長くても3時間。これが新鮮さを保つ重要なポイントです」と、中札内村農協販売促進部主査の木村紗代里氏は説明する。

その後、冷凍庫に保管した枝豆を順番に取り出し、選別機にかける。実の小さいものや一つしか実の入っていないものは、別のラインに入

枝豆の加工ライン

り、さやを剥いて加工用とする。残った形の良い枝豆は、さまざまなパッケージに詰められ「そのままえだ豆」となる。そして、再度冷凍庫で保管されて出荷を待つのである。

9月の収穫期には従業員総出で、三交代24時間操業で一気に収穫と冷凍を行う。収穫は組合員農家と農協が農協所有の機械で協力して行うことで、効率化を図っている。

収穫作業をさらにスピードアップしたのが、2005年から導入した、フランス製の大型収穫機だ。それまでの機械だと1日数トンしか収穫できなかったものが、この機械を使うと1日60トンの収穫が可能である。グリーンピース収穫機として使われている大型収穫機があると聞き、フランスまで見に行って購入を決定したものだ。現在までに3台導入された

フランス製の大型収穫機

　この収穫機によって、最も味の良い時期に一気に枝豆を収穫できるようになった。こうした大型機械の導入は、品質の向上だけではなく、単位収量あたりの人件費を削減し、コストダウンにもつながっている。

枝豆を使った製品を開発

　中札内枝豆のブランド力をさらに高めるとともに、規格外品の有効活用を目指して、冷凍枝豆以外に2004年ころから取り組みはじめたのが、枝豆を使ったさまざまな商品の開発である。これまでに、枝豆ようかん、枝豆みそ、枝豆どらやき、枝豆カレー、枝豆コロッケ、枝豆グラタンなど、60種類以上の商品を開発した。企画は販売促進部の担当者が考えるが、農協内で生産されているのは、枝豆みそなどごく一部で、ほとんどが専門メーカーでつくられている。例えば、枝豆ぎょうざは、隣の帯広市にある小さなぎょうざ専門店に開発を依頼した。いろいろなパターンで試したところ、枝豆を6粒入れるのが最も食感が面白く、枝豆の味も

事例1　北海道中札内村　｜　89

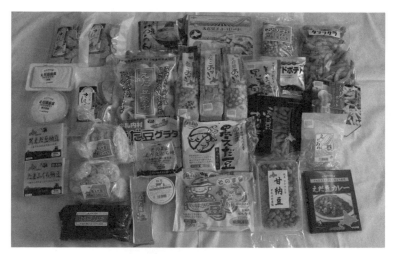

中札内枝豆を使った数々の商品

引き立つと分かり、無事製品化にこぎ着けた。中札内村のもう一つの特産品である「中札内若どり」と組み合わせた、枝豆入りチキンソーセージ、枝豆入りチキンハンバーグといった商品も生まれた。これらは、村内の企業によって製造されている。

　一方、製造の委託先が簡単には見つからなかったこともあったという。当初は売れるかどうか分からないため少量の生産にとどまるし、売れない場合は、一度きりの仕事で終わるかもしれない。そのため企画を持ち込んでも製造を断られたのである。企画担当の農協職員は多くのメーカーを回り、委託先を探した。さまざまな商品を揃えたため、委託先は中札内村や隣接する帯広市にとどまらず、道内各地に及んでいる。こうして開発した中札内枝豆ブランドの製品は、農協の冷凍工場前、道の駅なかさつない、帯広市内にある3カ所の農協直売所だけではなく、近隣のスーパーなどでも販売されるようになった。

　開発された商品のなかには、農協ブランドだけではなく、製造を委託

したメーカーなどのブランドで販売されるものも出てきている。枝豆
ぎょうざも、委託先の店の人気商品として販売されている。農協として
は、中札内枝豆ということをアピールしてもらえるのであれば、農協ブ
ランドにはこだわらないそうだ。農協とは異なる委託先の販売ルートが
活用できるので、農協だけで売るよりも多くの売り上げが期待できる。
その分、枝豆の出荷量も増えるのである。

　農協とは特に契約を結んだわけではなく、独立して中札内の冷凍枝豆
を使用した製品開発を進めたケースも出てきている。中札内村に本社工
場を持つ株式会社とかち製菓（中札内村中札内西２線、コンビニエンス
ストア・スーパー等向け和菓子製造、従業者数12人）では、2012年に中
札内産枝豆を使った枝豆大福を発売した。中札内村が管理する道の駅な
かさつないに入居する地元小売店から、中札内村の食材を使ったお土産
品の開発を依頼されたのがきっかけだった。あんの甘みをおさえ、薄い
塩味の枝豆の風味を活かした中札内枝豆大福は、道の駅での売れ行きが
上々だったため、生協などにも販売ルートが広がった。2015年には枝豆
800キロを使用し、10万個以上が売れるヒット商品となっている。「今後
は農協とも協力しながら、枝豆大福以外の製品も開発し、中札内枝豆ブ
ランドを広げていきたい」と、社長の駒野裕之氏は語る。同社はコンビ
ニエンスストアなどへの冷凍での出荷が多いため、同じ冷凍品である枝
豆や関連商品とは、流通面でも協調できる可能性もある。同社と農協の
販売ルートを相互に活用できれば、さらなる販路拡大も期待される。

世界に羽ばたく中札内ブランド

　中札内枝豆の販売は、国内にとどまらない。中札内村農協では、海外
への販売にも挑戦している。最初のきっかけは、2005年に札幌で開催さ
れた農産物商談会だった。出席していた食品商社が米国ロサンゼルスで

スーパーマーケットを運営しており、そこに冷凍枝豆をおけないかという話になったのだ。

米国への販売の成功を受けて、日本食がブームになっている他の国でも売れる可能性があると考えた山本組合長は、国内の商談会だけではなく、海外の日本食品見本市にも冷凍枝豆を持ち込み、販売先の開拓を進めた。商社任せではなく、農協職員自らが現地に赴き、中札内枝豆をアピールするとともに、各国の消費者のニーズを探っている。これまでに組合長と農協職員が商談のために訪問した国や地域は、ハワイ、タイ、シンガポール、ロシア、サウジアラビア、アラブ首長国連邦など、世界各地に及ぶ。

実際に訪問することで、海外の消費者が何を求めているのかよく分かる。例えば英国では、牛乳のテトラパックの形の130グラム入り小分けパッケージが、「形がかわいい」と評判になった。そうした取り組みの結果、現在、輸出先は10カ国まで増えている。販売量こそ年間10トンと全体からみればそれほど多くはないが、北海道中札内産の高級品であるというブランドを前面に出すことで、今後販売量を増やすことをねらっている。

こうした国内外への販路開拓と商品開発の成果もあって、枝豆の販売量は毎年増加し、それに合わせて生産設備も増強してきた。2016年8月には第二工場を竣工させ、年間処理能力をそれまでの4,000トンから6,000トンにまで高める予定である。工場の稼働に向けて、2016年4月に新たに30人の職員を採用した。

需要が伸びる一方、枝豆は連続して栽培するとうまく育たなくなるため、麦類やじゃがいもなどと組み合わせて順番に栽培する輪作が必要となる。そのため、村内のすべての農地を一度に枝豆に使用することはできない。すでに中札内村だけでは、生産が追いつかなくなってきてい

る。そこで、2015年には、隣接する帯広市内の農協にも枝豆の生産を委託した。2016年以降は、さらに多くの委託を行う予定である。ただ、中札内村産以外の枝豆は、「北海道枝豆」として販売する。あくまで、「中札内枝豆」ブランドを守っていくためである。

期待される経済波及効果

中札内村農協の枝豆事業の成功を、地元ではどう評価しているのだろうか。周辺の町村で人口減少が続くなか、中札内村の人口は、2000年以降は約4,000人でほぼ横ばいである。「村の人口規模を考えれば、新設の工場を含めて130人が従事する農協の枝豆事業は、人口の維持に大いに貢献している」と中札内村役場産業課の中道真也課長補佐は言う。

農業以外の地元産業への波及効果にも期待が高まる。「枝豆をはじめとする中札内ブランド農産物の知名度が高まれば、地元の食品製造業による加工もさらに増えるだろう。農産物や製品を販売する小売店や、それらを食材として使うレストランなど、観光関連産業にも波及効果があるだろう」と、中札内村商工会の望月真理事務局長は期待する。

すばらしい特産品はあるのに販売額がなかなか増えないという悩みが全国各地で聞かれる。中札内枝豆も、当初は思ったようには売り上げが伸びなかった。それを克服したのは、バイヤーやユーザーに商品を知ってもらおうという努力と、さまざまな関連商品を揃えることによるブランドミックスの推進だった。中札内村農協を中心とした同村の取り組みは、他の地域にも大いに参考になるのではないだろうか。

（深沼　光）

事例2

雫石から全国に広がる軽トラ市
～岩手県雫石町～

「軽トラ市」発祥の地

　いままでにない活性化策に最初に取り組む地域は、さまざまな困難を克服しなければならない。見習うべき先発地域のお手本がないのだから試行錯誤が必要だ。しかし、お手本がないからこそ地域の立地や地域資源に最もふさわしい活性化策を組み立てられる。この点が先発地域の取り組みを模倣する場合とは異なる。

　軽トラック市（略称「軽トラ市」）とは軽トラックの荷台に商品を置いて販売する朝市である。産直野菜などを生産農家が販売するケースが多い。軽トラックをずらっと街路に並べ多くの人を集めることで、商店街に活気をもたらそうとしているのである。いまでは、軽トラ市を定期的に開催する地域は全国で100カ所以上にのぼるといわれている。単発または不定期的に開催しているところを含めると、180カ所くらいにな

多くの人でにぎわう軽トラ市

るという。

　岩手県雫石町はその発祥の地である。中心商店街である「よしゃれ通り」[1]を舞台に「しずくいし軽トラック市」は2005年7月に始まった。原則として5月から11月まで毎月1回開催され、10年以上にわたる延べ開催回数は80回近くにのぼる。

　取り組み当初、雫石町はどのような課題に直面し、どのように克服したのだろうか。その歩みをみていくことにしよう。

中心市街地活性化基本計画策定時に生まれたアイデア

　雫石町は人口1万6,967人（国勢調査2015年速報値、以下同じ）、西は秋田県仙北市に、東は盛岡市、滝沢市などに隣接する。盛岡駅から町の中心部まで車で30分程度、秋田新幹線だと15分程度と近い。主要産業である農業は、稲作をはじめ野菜や花卉の栽培、畜産など幅広い。また町内には小岩井農場や、鷲宿温泉をはじめとする温泉、スキー場などがあり、観光業も地域経済を支える柱である。

　中心商店街であるよしゃれ通りには40数店の事業所が立地する。かつては国道46号線が中心商店街を通っており、賑わっていた。しかしモータリゼーションの進展に伴い盛岡市に購買力が流出したことなどに加え、1982年に中心部を迂回するバイパスが完成したこともあり、中心商店街は衰退傾向を強めていた。

　2003年、国道46号線沿いにイオンモール盛岡が出店するのを機に、中心商店街の衰退に危機感を覚えた雫石町は、2004年3月に中心市街地活性化基本計画を策定した。その策定の過程で、「中心商店街を考える会」や住民グループなどが参加したワークショップが頻繁に開催された。あるとき開かれたワークショップで、元県内スーパーの店長が出した集客

1　「よしゃれ」とは地元に伝わる歌と踊りの郷土芸能である。

のアイデアが軽トラ市を開催するきっかけとなった。それは「雫石町には農家が多く、農家には一家に一台軽トラックがある。軽トラックの荷台を商品棚代わりに、朝採ったばかりの農作物を売る『市』を開いてはどうか」というものだった。軽トラックを利用すれば出店するのも撤収するのも楽だし、主催者も準備の負担が軽くてすみそうだ。そこでまちづくり機関（TMO）である雫石商工会[2]に事務局を置き、商店街の有志、農家や住民など20人近くをメンバーとした「しずくいし軽トラック市実行委員会」を結成した。現在の委員長である相澤潤一さんもその一員だった。この時点ですでに、分かりやすくて覚えやすいということで、「軽トラック市」、略して「軽トラ市」という名称は決まっていた。

開催にあたっての課題

アイデアと名称は決まっても、それを実現するまでにはさまざまな課題があった。

第1は交通規制をクリアすることだ。会場となる商店街は県道212号線に面している。468メートルに及ぶ県道を歩行者天国にする許可を警察から得るのは容易ではない。それができたのは、2004年12月に国から認定を受けた雫石町の地域再生計画[3]に道路使用許可や道路占用許可等に関する支援措置が盛り込まれていたからである。軽トラ市のアイデアをもとに議論していた段階で、他の項目とともにあらかじめ申請していたことが役立った。

第2は路線バスの経路変更である。街路は路線バスの経路にあたり、停留所がある。開催日には経路を変更しなければならない。委員会メン

---

2 2005年3月にTMOに認定された。
3 「しずくいし・自立する持続可能な次世代のまちづくり計画〜住民との協働による内発的産業おこしのすすめ〜」。この計画では、「産直市『軽トラ200台市』」と称されている。

バーは岩手県交通に何回か出向いてお願いし、了解を得た。

第3は駐車場の確保である。町内だけではなく、近隣の盛岡市（人口29万7,669人）や滝沢市（同5万5,487人）、紫波町（同3万2,626人）、矢巾町（同2万7,683人）などからの来客が見込まれるからだ。町役場やスーパーの駐車場を開放してもらい、会場と駐車場、雫石駅を結ぶ無料巡回バスを運行するようにした。

第4は出店者の確保である。他の産直市に出品している町内の農家などに声をかけてある程度は確保できたが、それだけでは足りなかった。声をかける範囲を県内に広げ、委員のつてを頼ったり、岩手県商工会連合会から情報をもらったりして、なんとか初回は59台の出店者を確保した。

第5は商店街に面した住民の理解を取り付けることだった。そのため説明会を2回開催した。いわゆる「しもた屋」もあったことから、対象は商店主だけではなく、一般住民も含まれていた。しかし、理解を取り付けるのが大変だったのは商店主のほうだ。多くの商店主は、「なぜ出店者のためにわれわれが協力しなければならないのか」と疑問の声をあげたという。

実行委員会は、来場者が増えればそれぞれの商店のことを知ってもらえるし、軽トラ市に連動して客を呼び込む工夫をする余地が生まれるといったメリットがあることを訴えた。しかし、軽トラ市は全国に例のないイベントだったので、メリットを理解してもらうのは容易ではなかった。

実行委員会は第1日曜日を軽トラ市の開催日に決めた[4]。25日や月末の給料日直後であれば人々の購買意欲は高いと考えたからだ。しかし、こ

4　当初は月の中旬以降の日曜日に開催していたが、第6回（2005年11月）以降は原則として第1日曜日の開催である。

の目標は商店街の定休日(第1、第3日曜日)と重なっていた。定休日を見直して、開催日には店を開けてもらうように商店主に依頼したが、多くの店は閉じられたままだったという。

結局、商店主の理解を取り付け、開催日に店を開けてもらうには、実績を重ねるしかなかった。

回を重ねて確立した運営

第1回の軽トラ市は2005年7月31日に開催された。地元紙などに掲載されたこともあって、出店者の軽トラ59台が並ぶ街路は約3,000人の来場者で賑わった。

しかし出店台数は44台(第2回)、45台(第3回)、38台(第4回)、42台(第5回)と減少傾向を示した(図3-2-1)。来場者数も同じ

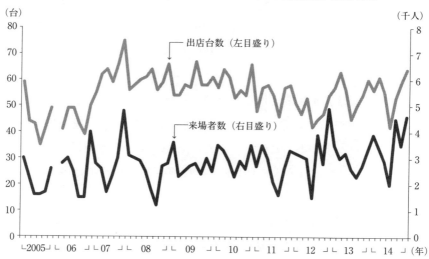

図3-2-1　しずくいし軽トラック市の出店台数、来場者数

資料:雫石商工会作成資料
(注) 1　2006年の第1回(5月7日)は大雨のため中止。
　　 2　2014年9月14日に開催した「全国軽トラ市」は含まない。

事例2　岩手県雫石町 | 99

傾向をたどる。出店台数が少なくなったので、やむなく車間距離を広げて埋め合わせをしたこともあったという。そこで実行委員会は2年目の開催に向けて、てこ入れを図ることにした。

　まずは出店者の確保である。1年目は産直市に重きをおき農作物を販売する出店者だけを集めていたが、出店者を確保するにはそうは言っていられない。また、来場者が求めているのは農作物だけとは限らないのではないかとも考えた。例えば、雫石町は内陸部なので海産物を求めるお客も多いのではないか。そこで、岩手県の沿岸部にある山田町商工会を通じて、イベント会場での販売なども手がける水産加工会社を紹介してもらった。同社が販売する魚介汁や海産物は人気を集め、毎回長蛇の列が並ぶ名物となっている。ほかにも、屋台など飲食関連業者にも声をかけた。

　現在は、原則として出店業種に制約はない[5]。このため、例えばペットや木工品などを販売したり、薪ストーブを展示したり、休暇村が出店して温泉入浴回数券を販売したりと、開催ごとに出店者はバラエティに富んでいる。「軽トラ」市だからと中古車会社が軽トラックを販売することもある。出店者を確保するための策ではあったが、来場者にとっては何度来ても飽きない仕組みである。農作物だけではこうはいかなかっただろう。このように出店者が多様化するにつれて、当初は高かった来場者の年齢層も平準化するようになった。

　またマンネリ化を避けるために、2年目からはイベントも開催することにした。とはいえ予算は乏しい。そこで、町内の同好会団体などに発表の場として利用してもらうようにした。例えば、雫石高校の郷土芸能

5　もちろん、飲食関連業者であればイベント等での臨時営業許可や自動車関係営業許可などを取得していなければならないし、ペット販売であれば動物取扱業者として登録していなければならない。

委員会[6]にさんさ踊りを披露してもらったり、地元の YOSAKOI ソーランのグループやヒップホップダンスグループに出演してもらったりしている。発表の場が少ないグループにとっては、多くの来場者が訪れる軽トラ市は日ごろの練習の成果を発表する打ってつけの場となっている。子ども向けには、エアガン射的や輪投げ、毎年7月には流しそうめんなどのお楽しみも準備している。さらに、毎年5月のオープニングセレモニーでは500人が一斉にクラッカーを鳴らしたり、その年の最終回である11月には大抽選会を行ったりと、趣向を凝らしている。

このように、軽トラ市の運営や企画は、2年目以降、回を重ねるにつれて確立していった。

商店主の理解が広がる

先に述べたように、商店主の理解を取り付けるという課題はすぐに解決することはできなかった。「当初は開催日に店を閉じている商店が多く、軽トラ市だけが一人歩きしているような感じだった」と、相澤委員長は振り返る。

しかし、軽トラ市が毎回3,000人前後の人を集めるイベントとして定着してきたこともあり、3～4年目になると店を開ける商店が増えてきた。現在ではほぼすべての商店が開催日に営業するようになっている。

そこで、実行委員会は個々の商店を積極的にアピールしようと、2010年から「今月の一押し店」という取り組みを始めた。これは、軽トラックが並ぶ列の中に商店街専用の販売ワゴンを設け、その月の「一押し店」に指定された商店の販売支援を行うというものだ。「一押し店」は

6　雫石高校郷土芸能委員会は2013年の全国高等学校総合文化祭郷土芸能部門で文化庁長官賞を受賞したり、岩手県の観光プロモーション団の一員として海外で演舞を披露したりするなど、高い評価を受けている。

事例2　岩手県雫石町 | *101*

今月の一押し店

希望者を募ったりして指定している。

　このような取り組みを通じて、積極的に売る努力をする商店も次第に現れてきた。ある刃物店のように、店頭で刃物研ぎの実演を行ったり、豊富な品そろえを販売ワゴンでアピールしたりすることで顧客を獲得したケースもある。多くの人が集まるイベントを販売機会として生かすことは、商店としては当たり前のことではある。しかし、商店街の衰退傾向が長らく続くなかで、販売意欲を失っていた商店は少なくなかったということだろう。そうした状況から、販売意欲を高める商店が徐々に増えてきたことは、軽トラ市の成果の一つである。

全国へ波及する軽トラ市

　雫石町の取り組みは2006年、2007年ころになると、全国の商店街関係者から注目されるようになった。実行委員会は、各地から視察を受け入

れ、運営の仕組みやノウハウなどを伝授した。また、それらの地域が「軽トラ市」という名称の使用を希望すれば、快く応諾した。軽トラ市の知名度を高めたいと考えているからだ。2009年には雫石商工会を商標権者として、「元祖軽トラ市」を商標登録した。他の会社が軽トラ市の商標を登録して使用を制限するおそれがあったことから、先に商標登録することで、他地域でも自由に「軽トラ市」の名称を使えるようにしたのである。

いまでは多くの地域で軽トラ市が開催されている。発祥の地、雫石町のほかに、宮崎県川南町の「トロントロン軽トラ市」（2006年9月開始）、愛知県新城市の「しんしろ軽トラ市　のんほいルロット」（2009年11月開始）は、「日本三大軽トラ市」と呼ばれている。

2014年9月には、実行委員会を中心に、雫石商工会、役場が一体となって「第1回全国軽トラ市サミット」を開催した[7]。全国各地の軽トラ市とネットワークを構築し、運営に関するノウハウなどを共有することが目的だ。全国から24の地域が参加し、交流が図られた。また、サミットに連動してよしゃれ通りで開催された全国軽トラ市には1万5,300人もの人が押しかけた。

全国初だからうまくいった

しずくいし軽トラック市はなぜ成功したのだろうか。それは、独自の取り組みだったこと、つまり見習うべき先発事例がなかったことではないだろうか。もちろん、見習うべき事例がないことから実現するにあたってはさまざまな課題を解決しなければならなかった。しかし独自の取り組みだからこそ、地域の立地や地域資源にふさわしい活性化策であ

7　第2回は2015年11月に新城市で開催され、第3回は2016年10月に川南町で開催される予定である。

る軽トラ市を企画できたといえる。

　立地については、盛岡市やその衛星都市である滝沢市など、産直市に足を運ぶ都市住民が多く住む地域に近いことである。実際に、実行委員会による来場者アンケートによると、両市からの来場者は4割近くを占める。また地域資源については、町の主要産業が農業であること、そして稲作だけではなく、野菜、花卉、畜産物などさまざまな作物を生産していることがあげられる。そのため、地元出店者を確保しやすく、しかもさまざまな農作物が軽トラの荷台に並ぶ。

　雫石町の立地や地域資源を十分に活用できる活性化策を企画したからこそ、軽トラ市は成功したといえる。他地域が雫石町の取り組みから学ぶべきことはこの点である。

（村上 義昭）

事例3

人口450人、小さな村の挑戦
〜和歌山県北山村〜

飛び地の小さな村

　和歌山県北山村は奈良県と三重県に囲まれた、全国で唯一の飛び地の村である。三重県熊野市の中心部から車で約１時間、和歌山県新宮市からは約１時間15分のところにある。人口は446人（国勢調査2015年速報値）と、本州では最も人口が少ない（図３−３−１）[1]。高齢化率（総人口に占める65歳以上の比率）は2010年に50％を超えた。

　北山村は熊野杉の産地として、数百年にわたって林業が盛んだった。伐採された木材は、筏流しで北山川とその本流である熊野川を下り、河口まで運ばれていた。このため集積地である新宮市との結びつきが強く、廃藩置県の際に和歌山県に飛び地として組み込まれることになった。

　現在は、夏を中心とする観光関連産業が大きな柱となっている。そのメーンは筏流しの伝統を復活させた筏下りである。杉丸太８本で組まれた床を７床連ねた全長30メートルの筏に乗り、筏師による櫂さばきで激流を下る、スリル感あふれるアトラクションである。観光筏下りを楽しめるのは、全国で唯一、北山村だけだ[2]。

　「飛び地」「観光筏下り」に加えて、北山村にはもう一つ「唯一」がある。村の木に指定されている「じゃばら（邪払）」だ。ゆず、九年母、紀州ミカンなどの自然交配種で、北山村にしかない香酸柑橘の一種である。ゆずよりも果汁が豊富で酸味が強い。貯蔵性にも優れ、収穫が始まる11月ころから翌４〜５月ころまで貯蔵しても果汁の減少は少なく、風味も損なわない。

1　福島第一原子力発電所の事故によって帰還困難区域に指定されている４町２村を除く。なお、日本全体では８番目に人口が少ない。
2　筏下りのレースなど、イベントならば全国でも40カ所近くで開催されている。なお北山村の観光筏下りで運行されている筏は、「船舶」として国土交通省の認可を受けている。

図3-3-1　北山村の人口と高齢化率

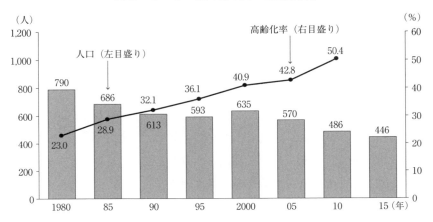

資料：総務省「国勢調査」
(注)　2015年の数値は速報値である。速報値では高齢化率は公表されていない。

じゃばらの木

このじゃばらを素材として、役場自らが果汁やポン酢などの加工品を開発し、近年は２億円前後の年商をあげている（図３－３－２）。一般会計の歳入が12億9,671万円（2014年度）[3]の村では大きな産業といってよい。

　じゃばらを栽培するのは村営農園と、20人前後の農家である。村営農園の管理・運営は村が設立した北山振興株式会社[4]に委託している。生産者組合を通じて農家から果実を買い取り、村営農園の分も合わせて年間120トン程度を原料として、果汁やポン酢などに加工する。加工は村直営の加工場で行うが、自前で加工できないものについては外注を利用する。加工品の販売は村の観光産業課が手がけている。

　第三セクターを含め、行政が主導する事業が成功することはまれだといわれている。どのようにして北山村はじゃばら製品の事業化に成功したのだろうか。小さな村の長年にわたる挑戦の軌跡をみていこう。

村のお荷物だったじゃばら事業

　じゃばらの原木は、１人の村民の庭に１本だけ自生していた。その所有者であった福田国三氏（故人）は、じゃばらには「邪気を払う」とさまざまな薬効が伝えられていることから、特産品として売り出すことを村に提言した。柑橘類の分野で有名な研究者に調査を依頼し、さらに三重県立紀南かんきつセンターで特性調査を行ったところ「新しい品種」であるとの結果を得たことから、福田氏は種苗法による品種登録を出願し、1979年に登録された。

3　ほかに特別会計の歳入が８億3,030万円（2014年度）。じゃばら製品の勘定はそのうちの「地域振興事業（特産物）会計」に含まれる。同会計の歳入のうちじゃばら製品の販売収入は１億6,428万円（2014年度）、歳出のうちじゃばら製品の加工・販売にかかる経費は１億2,111万円（同）であり、4,000万円以上の黒字を計上している。
4　2012年設立。後述する北山村産業振興協議会が手がけていたじゃばら事業と観光筏下りの事業を引き継いだ。社長は奥田村長が務めている。

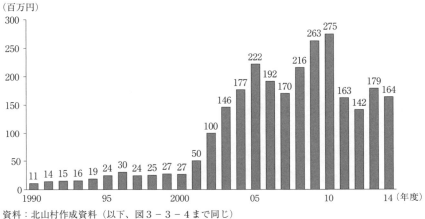

図3-3-2 じゃばら製品の売り上げ推移

資料：北山村作成資料（以下、図3-3-4まで同じ）

　それを受け、北山村は福田氏とともに事業化に乗り出した。1982年に農園を整備し、1985年には2トン程度の果実を収穫した。

　当初は生果のままで販売しようとした。大阪で開催された国際食博覧会に出展するなど販売促進に努めた。しかし、知名度が乏しく利用方法が知られていなかったことから、生果のままではなかなか売れなかった。そこで加工品の開発に取り組み、1980年代後半に村営の加工場や貯蔵施設を整備した。清涼飲料や、ポン酢、めんつゆ、ドレッシングなどを開発し、北山村じゃばら振興会[5]が加工を手がけた。

　1994年には、北山村産業振興協議会[6]が農林水産祭むらづくり部門の大臣賞を受賞したり、じゃばらドリンクが和歌山県認証食品の指定を得たりしたが、販売は伸びなかった。村内の売店などで観光客相手に販売する程度で、1990年代を通じて売り上げは年間2,000万～3,000万円程度に過ぎなかった（前掲図3-3-2）。このため、果実を収穫しても余

5　1988年に設立された。
6　北山村じゃばら振興会の後継組織であり、北山振興株式会社の前身である。

剰となることから、1991年から1999年まで生産調整を行った（図3－3
－3）。

　販路がなかなか開拓できなかった理由は二つある。一つは、酸味の強
さである。いまでこそ健康志向の高まりから酸っぱいものも売れるよう
になっているが、当時はそうではなかった。酸味が強すぎると敬遠する
消費者も少なくなかった。もう一つは通信販売を行える環境になかった
ことだ。村にはノウハウがなかったことに加え、配送コストの問題が
あった。当時の宅配業者は定価で配送を引き受けていたことから、10キ
ログラム入り段ボールの送料は1,500円程度と割高で、通信販売を行う
のは現実的ではなかったのだ。こうしたことから売り上げは伸びず、売
り上げを伸ばす努力もしていなかった。

　さらに、特産品として売り出すにしてもインパクトが乏しかったので
はないかと思われる。1980年代後半以降、高知県馬路村のゆず加工品
（ゆずドリンク「ごっくん馬路村」、ゆずポン酢「ゆずの村」など）が、
過疎の村全体をブランド化して売り出す手法によって全国的に有名に
なった[7]。北山村の特産品として売り出したじゃばら加工品は、その陰に
隠れてしまったのではないだろうか。だとすれば、先発製品にはない何
かが必要だった。

　2000年8月に奥田貢村長（現職）が就任したときには、じゃばら事業
は毎年2,000万円程度の赤字を計上していた。「平成の大合併」への気運
が全国的に広がるなかで、赤字事業を抱えていては動きに乗り遅れるの
ではないかと危惧された。じゃばら事業は村にとってお荷物になってい
たのだ。

7　馬路村は人口が少なく（2015年国勢調査速報値では822人）、交通アクセスが不便（高
　　知市から車で約1時間50分）であることも、北山村と共通である。

事例3　和歌山県北山村 ｜ *111*

図3－3－3　じゃばら果実の収穫量

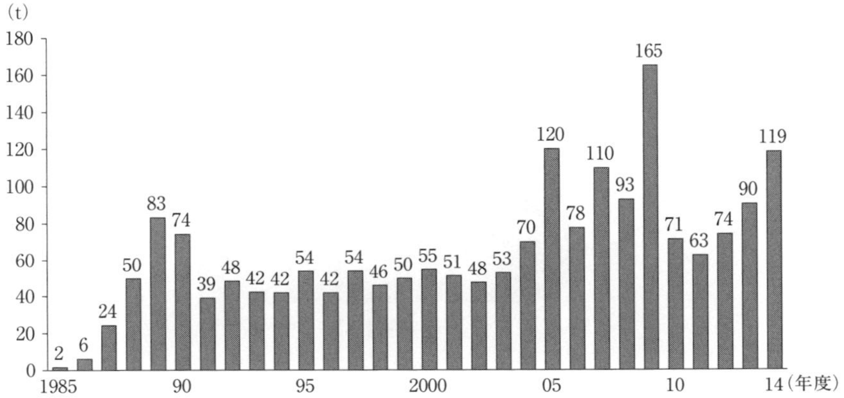

(t)

収穫量のグラフ：
1985: 2
1986: 6
1987: 24
1988: 50
1989: 83
1990: 74
1991: 39
1992: 48
1993: 42
1994: 42
1995: 54
1996: 42
1997: 54
1998: 46
1999: 50
2000: 55
2001: 51
2002: 48
2003: 53
2004: 70
2005: 120
2006: 78
2007: 110
2008: 93
2009: 165
2010: 71
2011: 63
2012: 74
2013: 90
2014: 119

(年度)

最後の挑戦

　奥田村長は1941年に北山村で生まれ、旧建設省などを経て1998年に北山村助役、2000年から現職を務める。村長に就任した直後から、じゃばら事業をどうするかが議論になった。その結果、「2年間はできるだけのことをやってみよう。それでもだめだったら撤退しよう」と断を下した。

　新たにじゃばら事業を担当したのは、観光課（当時）の池上輝幸[8]さんだ。池上さんは1998年に奥田村長（当時は助役）から村のホームページを作成するように指示された。当時は、自治体がホームページを作成するのは珍しかった。指示を受けたとき、池上さんはインターネットについてはあまり詳しくなかったことから、まずは自分で経験しようと考えた。まだダイヤルアップ接続のころである。さまざまなサイトを閲覧しているうちに、インターネット通販サイト「楽天市場」などのヘビーユーザーとなっていた。このため、じゃばら事業の担当になったとき、

8　池上さんは1994年に村役場に入所。現在は総務課主査である。

奥田貢村長

楽天市場で買うだけではなく売ってみたいと考えるようになった。

奥田村長も以前から情報通信技術（ICT）に興味をもっていた。シャープの携帯情報端末ザウルスに携帯電話を接続し、モバイル環境で利用していたこともあったという。それだけに池上さんの提案を理解し、すぐにゴーサインを出した。

こうして、2001年1月、楽天市場に北山村直営ショップを開店。最後の挑戦が始まった。懸案だった配送コストについては、楽天と提携していた宅配業者がそれまでの業者の半額以下で引き受けるようになり、通販に向けてのハードルは低くなった。

顧客の声をもとにモニター調査

じゃばら製品が飛躍するきっかけとなったのは、池上さんがある顧客の声を聞いたことである。その顧客は、以前から年に何回か20キログラム単位でじゃばらの生果を購入していた。池上さんは不思議に思い、なぜそんなに購入しているのかを尋ねたところ、1日1個、朝夕に果汁をしぼって飲むと花粉症の症状が楽になるという答えが返ってきた。先発製品にはない「何か」のヒントはここにあった。

図３－３－４　モニター調査（2001年）の結果

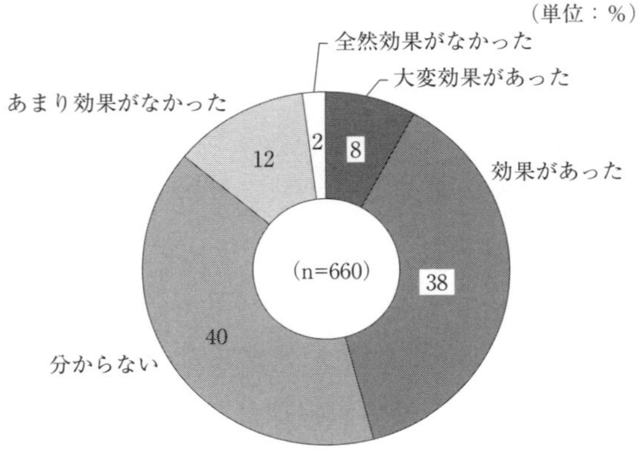

（単位：％）

全然効果がなかった
大変効果があった
あまり効果がなかった
効果があった

2　8
12
（n=660）
40　38

分からない

　池上さんは楽天出店後に、花粉症に効果があるという話を確かめようと、モニター調査を企画した。1,000人のモニターにじゃばら果汁を試してもらい、効果を尋ねるという調査である。じゃばらは余っていたので、果汁を1,000本無料で提供するのはなんでもなかった。ネット上でモニターを募集すると反響は大きく、約１万8,000人から応募があった。応募者のリストはメールマガジンの配信先に加えられた。2001年２月にモニター調査を行ったところ、46％の人が効果があったと回答した（図３－３－４）。翌３月に調査結果をネット上に発表、その月は楽天市場で50万円程度の売り上げになったが、その後は月商５万円程度だった。

　じゃばらが全国的に知られるようになったのは、2002年１月にテレビ東京系の経済情報番組「ワールドビジネスサテライト」で紹介されたことが大きい。楽天市場に自治体が出店したという話題を取り上げたものだった。そのなかで先のモニター調査を引きながら、じゃばらの効果が紹介された。すると、放送後１時間もたたないうちに100万円分の注文が殺到した。その後、関西テレビやNHKの番組でも紹介されたことから売り上げは急増し、2001年度に初めて完売した。

同時に問題も明らかになった。多数の注文をこなせる体制が整っていなかったのだ。完売することを想定していなかったので、在庫管理をしておらず、どれだけの注文に応えられるのかさえ分からなかったという。結果的に注文を断らざるを得ない人も多かった。また、販売代金の入金管理も追いつかなかった。このため、2002年度の補正予算で通販の管理システムを導入してもらった。

　2002年収穫分の製品については、同年10月１日に予約を受け付けた。500ミリリットル入りの果汁6,000本を準備したが、その翌日には早くも完売となった。撤退を検討していた時期だったので、製品を増産しようにも、そもそも原料となる果実が不足していた。このため、買い取り価格を１キログラムあたり100円から300円に引き上げ、生産農家からの調達でなんとかしのいだという。なお、じゃばらよりも手間がかかる温州ミカンでも出荷価格は100円程度であり、同年から現在に至る300円という買い取り価格はじゃばら農家にとって好条件だといえる。

　2003年もブームは続いた。予約販売を開始した10月１日には、楽天市場の販売ランキング（デイリー総合ランキング）で１位から６位までを独占した。その後も売り上げは順調に伸び、2005年度には２億円を超えた（前掲図３－３－２）。

「村ぶろ」でてこ入れ

　一見順調そうにみえた2005年、池上さんは注文が殺到する勢いに陰りを感じたという。実際に、2006年度の売り上げは減少し、新しい取り組みでてこ入れしなければならないと考えるようになった。

　新たな取り組みの一つは、北山村やその周辺地域の情報を発信するポータルサイト「村ぶろ」を2007年に開設したことである。もとになったのは、インターネット上に登録するバーチャル（仮想）村民を募り、

村の応援団を全国に広げるという、奥田村長のアイデアだ。しかしバーチャル村民登録制度は福島県泉崎村がすでに先行していた[9]。池上さんは何か新しいことを付加したいと考え、「村ぶろ」を発案した。

「村ぶろ」の特徴はブログ機能にある。誰でも無料で会員登録でき、会員すなわちバーチャル村民になると、ブログを書くことができ、北山村の施設・加盟店を利用すると割引を受けられるなどの特典がある。

池上さんがブログに着目したのは、じゃばら製品の購入者に感想などを書き込んでもらうことで、じゃばら製品の販売促進につなげたいと考えたからである。2005年の薬事法[10]改正によって広告規制が厳しくなり、医薬品に類する効能を示せなくなったことがその背景にあった。

「村ぶろ」は2007年6月に運営を開始して、わずか半年間に全国から6,000人を超えるバーチャル村民を集め、大いに注目された。同年9月には、日本経済新聞社がICTを利用して地域活性化に先進的に取り組んでいる事例を表彰する「日経地域情報化大賞」の部門賞「日経MJ（流通新聞）賞」を受賞した。

北山村が「村ぶろ」を導入できたのは、インターネットのブロードバンド環境が整備されていたからである。かつてはダイヤルアップ環境しかなかったが、2002年に光ケーブルを村内の全戸に敷設した。当時、ケーブルテレビ回線が更新時期にあたっていたことから、後の地デジ化も考慮に入れてケーブルテレビとインターネットの回線を導入したのだ。ICTに理解のある奥田村長の布石が、「村ぶろ」の開設に生かされた。

もう一つの取り組みは、花粉症に対する効果を科学的に示すことである。そうすることで、自信をもってじゃばら製品を売り出せる。

2003年には和歌山県工業技術センターが成分の分析を行い、じゃばら

9　泉崎村はバーチャル村民を「e-村民」と名付け、2002年度に登録制度を始めていた。
10　2014年の改正により、「医薬品医療機器等法」となった。

に豊富に含まれるナリルチンという成分が、花粉症の反応の一つである
ヒスタミン等の放出を抑制する作用があることが分かったという[11]。さ
らに2008年には岐阜大学の研究者に依頼して、じゃばら果汁の飲用効果
を検証してもらったところ、症状の改善に有効であることが明らかに
なった[12]。このような情報を村のホームページ等を通じて発信した。

　以上の取り組みなどを行ったことで、じゃばら製品の売り上げは再び
増加し、2010年度には2億7,500万円に達した。

じゃばら製品が地域にもたらした「果実」

　じゃばら製品が北山村にもたらした成果は三つある。

　第1は農家の収入増である。現在、北山村が農家（20人前後）から買
い取っているじゃばらの果実は年間30〜40トン程度である。先述のとお
り、買い取り価格は1キログラムあたり300円であり、総額では1,000万
円程度となる。金額的にはさほど大きくはないが、買い取り価格は高め
なので実入りはそこそこある。

　第2は雇用の創出である。繁忙期には30人程度、そうでないときには
20人程度がじゃばら事業に関わっている。人数は多くないかもしれない
が、じゃばら事業によって生まれた雇用は大きな意味をもつ。

　北山村の主要産業である観光の大きな柱は、観光筏下りである。毎年
6,000人以上もの観光客が筏下りを楽しんでいる。筏を櫂で巧みに操る
筏師は十数人おり、北山振興株式会社に雇用されている。しかし、観光
筏の運行は5月から9月までの5カ月である。それ以外の季節にも仕事

11　木村美和子、山西妃早子、尾崎嘉彦、実宝智子（2003）「カンキツ果実の脱顆粒抑制
　　作用の探索」和歌山県工業技術センター『平成15年度研究報告』、pp.1 - 2
12　湊口信也、大野康、舟口祝彦、布林白拉、長島賢司、藤原久義（2008）「スギ花粉症
　　の症状とQOLに対する「じゃばら」果汁の効果」臨床免疫・アレルギー科編集委員会
　　編『臨床免疫・アレルギー科』第459号、pp.360-364

北山村のさまざまなじゃばら製品

が必要だ。それが、じゃばら事業なのである。北山振興が村営農園の管理等を受託しているのはこのためだ。じゃばら事業で雇用が生み出されるからこそ、観光筏下りを円滑に運営できるのである。

第3は地域の自立である。市町村合併の動きに遅れないようにと、お荷物だったじゃばら事業を活性化してきた。しかし、結果的には北山村は合併せず、当面は独立の道を歩むことを決意した。

2003年2月に、村は選挙と同じ手続きで合併に関する村民の意向を確認する調査を行った。実質的な住民投票であった。その結果、和歌山県新宮市との合併を選ぶ村民が多かったことから、同年3月に旧新宮市、旧熊野川町との合併協議会に参加した[13]。しかし、消防・救急体制などをめぐって折り合わず、北山村は2004年7月に協議会から離脱した。

13　旧新宮市は人口2万9,336人（国勢調査2010年）、旧熊野川町は同1,562人（同）であった。

このように独立の道を選択した北山村にとって、じゃばら事業は観光事業とともに自立を支える産業だといえる。

一つは地域の財源として自立を支える。じゃばら事業は年間約4,000万円の黒字を生み出している。村税（村民税、固定資産税など）が6,680万円の村には重要な財源だ。

もう一つは、地域のアイデンティティーとして自立を支える。「仮に新宮市等と合併していたら、小さな村の小さな特産品事業は寂れてしまっただろう」と奥田村長は語る。村の木にも指定されているじゃばらは、いわば地域のアイデンティティーである。合併の結果、大きな地域のなかに埋没してじゃばら事業が寂れてしまったら、地域のアイデンティティーが一つ失われていただろう。

後発地域を寄せつけないブランド化が課題

2011年度以降、じゃばら製品の売り上げはピーク時の３分の２程度になっている。2011年に紀伊半島を襲った台風12号など天候要因もあるが、後発地域との競争もその要因だと思われる。

北山村のじゃばらは門外不出だったが、有名になるとともに、じゃばらを栽培し類似の製品を生産する地域が現れている。農林水産省の統計によると、じゃばらの栽培面積のうち7.7％が三重県、38.7％が愛媛県である（図３－３－５）。また収穫量のうち19.2％が三重県、14.8％が愛媛県である。県外でもけっこう栽培されている。とくに愛媛県[14]は、収穫量に比べて相対的に栽培面積が広いことから、近年になって栽培されていることがうかがえる[15]。

したがって、北山村のじゃばら製品にとって課題の一つは、後発地域

14　同統計によると、その主要産地は宇和島市、内子町、今治市である。
15　じゃばらは実をつけるようになるまでに４～５年かかる。

図3－3－5　じゃばらの栽培面積、収穫量（都道府県別構成比、2013年産）

（単位：％）

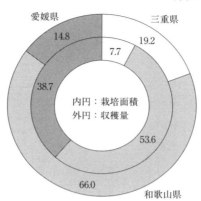

資料：農林水産省「平成25年度特産果樹生産動態等調査」

を寄せつけないブランドを確立することである。

　すでに北山村は「じゃばら」「邪払」等を商標登録しているが、それだけでは十分ではない。北山村がじゃばらの本家本元であることを内外にアピールする必要がある。2014年に原木発祥のシンボルとして「じゃばら神社」を建立したのはそのためだ。また、2009年から毎年11月に北山村青年会が「じゃばらの里の収穫祭」を主催している。

　さらに、後発地域との差別化を図ろうと、機能性表示食品の届け出を行い、科学的根拠にもとづいた機能性を表示する予定である。

　もう一つの課題は供給能力の制約を克服することである。ある程度売れるようになった特産品が直面するのは、供給能力の問題である。実際にじゃばら製品は2002年、2003年にわずか数日の予約販売だけで完売となった。原料の果実が隘路となって製品の供給不足に陥ったからだ。当時と比べると、じゃばらの収穫量は増えてはいるが、販売機会を逃さないようにするには果実の確保が重要であろう。例えば、村内産だけでは

なく、近隣の地域で栽培されたじゃばらを利用することも考えられる。ただし、それは北山村のブランドがしっかりと確立されることが前提である。

　自立の道を選んだ小さな村の大きな挑戦は続く。その姿は多くの小地域に勇気を与えるだろう。

（村上　義昭）

事例4

ビジネスプランコンテストで
地域を元気にする人材を輩出する
～島根県江津(ごうつ)市～

事業計画の新規性や完成度などで優劣を競うビジネスプランコンテストは全国各地で開催されており、その数は150件を超える[1]。一般の起業希望者を対象とするコンテストだけでなく、学生や女性を対象とするものも数多くみられる。また主催団体も、学校や商工会議所、金融機関などさまざまである。近年は地方公共団体やその外郭団体等が主催するものも見受けられる。

江津市ビジネスプランコンテスト、略称「Go-Con」。島根県江津市が2010年度から始め、すでに開催回数は6回を数える。数あるビジネスプランコンテストのなかで、Go-Conは2015年に「第5回地域再生大賞」[2]を受賞するなど、社会的な評価が高い。

Go-Con2015の最終審査会（2015年12月13日開催）

---

1 ミラサポ（中小企業・小規模事業者の未来をサポートするウェブサイト、中小企業庁委託事業）のビジネスプランコンテスト紹介ページに掲載されているビジネスプランコンテストの件数である。
2 全国の地方新聞社45社と共同通信社が設けた表彰制度である。

Go-Conにはどのような特徴があるのか、そしてどのような成果を地域にもたらしているのだろうか。

県内でも高い高齢化率

　江津市は、島根県西部の石見地方に位置する。2004年に旧江津市と旧桜江町が合併してできた、人口2万4,450人（国勢調査2015年速報値）、面積268平方キロメートルのまちである。島根県は1955年をピークに人口が減少傾向を示しており、高齢化率（総人口に占める65歳以上の比率）は2010年に秋田県に次いで第2位となる28.9％にのぼるなど、人口問題に関する「先進県」である。その島根県において、江津市の人口減少率（1995年→2015年）は20.5％と島根県（10.0％）を上回る。また高齢化率（2010年）は33.2％と島根県を上回るだけではなく、県内8市で最も高い（図3－4－1）[3]。

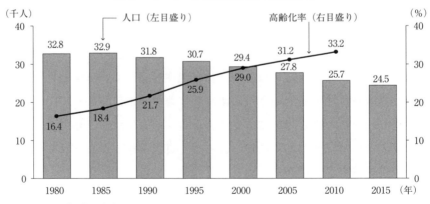

図3－4－1　江津市の人口と高齢化率

資料：総務省「国勢調査」
（注）　1　2015年の数値は速報値である。
　　　 2　2000年以前は旧江津市と旧桜江町の人口を合算したものである。

---

[3]　国勢調査2015年速報値では高齢化率は公表されていない。

市の面積の約8割を農山漁村が占め、残る2割の市街地に商工業が集積している。主要産業は、石見地方の地場産業である石州瓦を主体とする窯業・土石製品製造業と日本製紙などの誘致工場である。しかし、窯業・土石製品製造業は和瓦の需要低迷などによって出荷は長期にわたって減少傾向にある。2007年には石州瓦の大手業者が倒産、また2010年には誘致企業である大手電子部品工場が撤退し、両者を合わせて約400人の雇用が失われた。域外から需要を獲得する製造業の低迷は、域内需要に依拠する小売業などにも悪影響を及ぼし、中心商店街である江津万葉の里商店会にも多くの空き店舗が生まれていた。

定住対策事業への取り組み

人口の減少と主要産業の低迷が続くなか、江津市は2006年ころから定住の促進に力を入れるようになった。

もちろん、それまでにも定住対策は手がけられていた。旧桜江町では、1990年代前半から定住促進住宅を建設するなど生活基盤を整備し、定住者を全国から公募していた。また、旧江津市でも「第4次総合振興計画」（1997年策定）に定住促進が基本方針として掲げられていた。

両市町の合併後に新たに取り組まれた定住対策がそれ以前と異なるのは、空き家を活用するという点にあった。農村などに移住して田舎暮らしをしたいという人が増えてきたことから、その受け皿として空き家を活用するという発想である。地域にとって負の遺産と見なされていた空き家を「地域資源」に変えようという施策である。

このとき定住対策を担当したのは、農林商工課に在籍していた中川哉さん（現・政策企画課地域振興室長）である。もともと旧桜江町の職員だった中川さんは、合併後は桜江支所で定住対策ではなく地域振興を担当していた。その一方で、2005年に旧桜江町内に設立された特定非営

江津市・中川哉さん

利活動法人（NPO法人）結まーるプラス[4]の理事として、定住・交流促進などの活動に取り組んでいた。その一環として同法人は、ふるさと島根定住財団の制度を用いて「田舎暮らし体験ツアー」を開催し、農業や伝統芸能など田舎暮らしを体験できるプログラムを提供していた。すると、田舎暮らしに関心をもつ都会の人を中心とする参加者から「空き家があれば住んでみたい」「空き家を紹介してほしい」などの声が寄せられることが多かった。そうした声を施策に取り入れたいと考え、中川さんは「定住促進ビジョン」の策定を市に提案し、同時に農林商工課に異動して同ビジョンの策定をはじめとして、定住対策を担当することになったのである。

　江津市はまず、国の事業を利用して空き家の実態を調べたり、農山漁村移住や空き家利用に関する都市住民のニーズ等を調べたりしたうえで、空き家の活用を推進する体制を検討した。その結果、「江津市空き家活用事業」を構築するに至った（図3－4－2）。

　その特徴は二つある。一つは、市役所だけでなく、不動産業者、地域コミュニティ、NPO法人など、さまざまな組織の連携によって、空き

4　2014年4月に解散。

図3-4-2　江津市空き家活用事業の体系

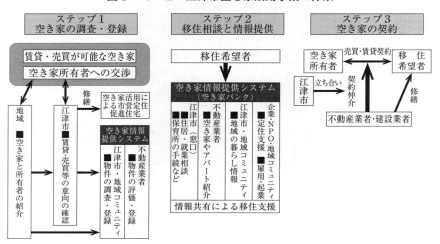

資料：江津市地域振興室・中川室長作成資料

家の流動化を促進していることだ。不動産業者が取引（賃貸、売買）を仲介する際の手数料は取引金額（家賃、売買金額）によって決まることから、取引金額が安い農山漁村の空き家の場合は、手間がかかるわりには手数料が安く、営利事業としては成り立ちにくい。このような問題を克服するために、行政や地域コミュニティなどが参画し、それぞれの組織が機能を発揮して役割分担する仕組みを築いたのだ。

　例えば、行政は社会的な信頼性が高いことから住民に空き家の登録を依頼しやすいし、行政が契約に立ち会うことで借り手、貸し手、不動産業者にとって安心感が高まる。地域コミュニティやNPO法人は地域に密着していることから、空き家情報を入手しやすく、所有者と交渉しやすい。また、移住希望者に空き家を紹介して現地まで案内したり、定住相談に乗ったりするのは時間がかかることから、行政ではなかなか手が回らないが、機動力のあるNPO法人であれば応じやすい。行政のよう

に数年で担当者が異動することもないので、NPO法人にはノウハウも蓄積する。このような役割分担を通じて、不動産業者の負担が軽減される。さらに、建築業を兼業している不動産業者であれば、仲介だけでなくリフォームなども請け負うことができる。これらの結果、取引金額が安い物件であっても事業として成り立ちやすくなるのである。

　同事業のもう一つの特徴は、住居だけでなく、企業の求人情報や地域の暮らし情報も提供することである。つまり、「住む」「働く」「田舎暮らしを楽しむ」ための情報を一体的に提供しようとしたのである。実際に、勤め先を紹介したケースもあった。例えば、ある林業会社（従業者5人）では、経営者以外の従業員はすべて、紹介を通じて採用したUターン・Iターン者である。

　いまでこそ空き家活用事業は多くの自治体で取り組まれているが、上記のような特徴をもつ江津市の事業は、当時は先進的であった。そのため、江津市には全国の自治体から多くの問い合わせ等が寄せられた。そこで、それらに対応するために「空き家活用マニュアル」などを作成した。

　空き家を流動化する仕組みを構築した結果、2006年度から2013年度の8年間で利用者は251人を数えた。

ビジネスプランコンテストの着想

　やがて、リーマンショック（2008年）後に景気が低迷したことで、住居（空き家）を紹介することはできても、働く場を紹介できないことが定住対策の隘路となった。また、県内市町村の大半が同様の定住対策に取り組みだしたこともあり、新たな一手を打つ必要性に迫られた。

　中川さんは定住対策に取り組むなかで、たんに移住者の数だけではなく、質、すなわち人材を呼び寄せることが重要だと考えるようになった。2000年ころに福岡県から旧桜江町にIターンしてきた人が、地元の

桑を用いて六次産業化を図り、50人もの雇用を生み出したことが念頭に
あったからだ。では、人材を呼び寄せるにはどうすればよいか。ある
日、お風呂に入っているときに思いついたのが、ビジネスプランコンテ
ストである。雇用を生み出す起業家を「誘致」するという発想だ。

　起業家を誘致するとはいっても、江津市は近隣市町村を合わせても10
万人くらいの小さな市場に過ぎず、営利目的の事業では成り立ちにく
い。そこで、たんなるビジネスではなく、地域の課題を解決するソー
シャルビジネスに着目した。江津市は高齢化や過疎化の進展に伴い地域
課題は増えているものの、財政悪化などによって行政だけでそれらすべ
てを解決するのは困難になっている。一方、若者のなかにはソーシャル
ビジネスに関心を持つ人が増えている。ならば、ソーシャルビジネスに
特化したコンテストにして、その担い手を呼び込めばよいと考えたのだ。

Go-Con2010の開催

　まず中川さんはビジネスプランコンテストの仕組みづくりに取りか
かった。そのための資金は総務省の「平成22年度過疎地域等自立活性化
推進交付金事業」で賄った。これは、過疎市町村等が行う先進的で創造
性の高いソフト事業に対して、１件あたり最大1,000万円を交付するも
のである。支給率は10分の10、つまり市町村等には財政負担がかからな
い。江津市の「過疎地域の課題解決型ソーシャルビジネス等創業モデル
の構築事業」は2010年７月に採択され[5]、それを受けて江津市は８月に事
業の推進母体として「過疎地域ビジネス創業検討委員会」を設置した。
県、市の関係機関のほか、起業家支援などを手がける東京の NPO 法人
ETIC. やソーシャルベンチャー・パートナーズ東京（SVP 東京）など
を委員に委嘱した。江津市には募集要項の作成をはじめ、コンテストを

5　全国から100件の提案に対して採択されたのは32件であった。

運営するためのノウハウがなかったことから、ETIC.やSVP東京などから得た助言やサポートは大いに助かったという。そして、同委員会での議論を経て、10月にはGo-Con2010の募集要項が公表された。

　Go-Con2010の特徴は二つ指摘できる。一つは、事業のアイデアだけではなく、起業家自身にもスポットを当てたことである。当初は、新しい事業のアイデアを募る予定であったが、検討委員会で事業プランを選ぶのか、起業家を選ぶのかという議論が起こり、それぞれに対応する部門を設けたのだ。前者は「新規創業・経営革新部門」、後者は「課題解決プロデューサー部門」である。

　もう一つの特徴は、受賞者に対してたんに賞金を授与するだけではなく、プランの実現に向けた支援も提供することである。新規創業・経営革新部門の大賞受賞者には賞金100万円、課題解決プロデューサー部門の大賞受賞者には月額15万円程度の活動資金を支給する。さらにプランの実現に向けた支援として、課題解決プロデューサー部門の大賞受賞者には、市内のNPO法人でプロデューサーとしての実力を身につける機会が与えられる[6]。それ以外にも、江津商工会議所、桜江町商工会による創業支援、県・市の関係部局による支援制度などが支援メニューに加えられている。現在ほど多くの支援メニューが準備されているわけではないが、Go-Conを立ち上げた当初から、資金以外の支援を重視していることがうかがえる。また、複数の組織が連携している点は「江津市空き家活用事業」と共通している。

　Go-Con2010への応募者は全国から25人（新規創業・経営革新部門13人、課題解決プロデューサー部門12人）であった。そのうち書類による一次審査で6人に絞られた。そして、12月に開催された最終審査会では

6　この時点では後述するNPO法人てごねっと石見は設立されていない。しかし中川さんはすでに、受賞者の受け入れ先となるNPO法人を設立する考えであった。

応募者による公開プレゼンテーションが行われ、両部門でそれぞれ2人ずつの大賞受賞者が選ばれた[7]。

てごねっと石見の設立

2011年4月には、中川さんの働きかけによってNPO法人てごねっと石見が設立された。検討委員会のメンバーであったETIC.の宮城治男代表理事から、「コンテストをするだけならどこでもできる。入賞者を決めるだけではなく、入賞者に創業してもらいたいと江津市が本気で考えているのなら、支援組織が必要になる」という助言を受けたからだ。

行政が創業希望者を支援するといっても限界があるといわれている。その要因の一つは担当者の異動である。数年で担当者が変わると、ノウハウは蓄積されにくい。また、必ずしも熱意のある人だけが担当者になるとは限らない。もう一つは、行政が特定の人や企業を直接支援することに対して批判を受けるおそれがあることだ。事業を円滑に継続させるには、実働部隊となる組織が必要だ。

そこで中川さんは以前からつきあいのあった地域のキーパーソン数人に声をかけ、賛同者とともにNPO法人てごねっと石見を設立したのである。「てご」とは地元の言葉で「手伝い」を意味する。石見地方で挑戦する若者の活動をお手伝いするネットワークという意味がこめられている。

Go-Con2010は行政が中心となって運営したが、Go-Con2011以降はてごねっと石見に委ねられることになった。

---

7 新規創業・経営革新部門の大賞の賞金は、受賞した2人に折半された。また、課題解決プロデューサー部門でも大賞受賞者は2人いたが、いずれも活動資金を支給されながらNPO法人てごねっと石見（後述）において活動に取り組んだ。

事例4　島根県江津市 | *131*

応募者による創業

　江津市が Go-Con を始めたことで地域経済にどのような成果がもたらされたのだろうか。成果の第1は応募したビジネスプランをもとに創業する応募者が少なくないこと、第2は NPO 法人てごねっと石見が設立されたこと、そして第3は地域活性化に取り組む人材が輩出されるようになったことである。

　まず、応募者による創業についてみていこう。

　Go-Con は2010年度から毎年開催されている。2015年度までの6年間で94人が応募し、10人が大賞を受賞している（表3-4-1）[8]。大賞受賞者のビジネスプランの概要は表3-4-2に示したとおりである。多様な地域課題を取り上げていることが分かる。

　大賞受賞者をはじめ、応募者のなかから地元で事業を立ち上げる人が生まれている。これらの創業によって、自己雇用を含めた雇用が創出されるなど、経済的な成果がもたらされている。それに加えて、地域の人々の厚生が高まったり、地域の活性化につながったりしている。この点こそが、Go-Con をソーシャルビジネスに特化させた当初のねらいであった。

　以下では、受賞をきっかけに創業した二つの事例を紹介する。

①　風のえんがわ～地域コミュニティをつくりだすカフェ～
カフェで食と農と人をつなぐ

　江津市の浅利海岸は、11基の風力発電用風車が並び立つ風の通り道で

8　応募者数は2012年度に大きく減少したが、これは同年度からビジネスプランに収支見通しを添付することにしたのが大きい。応募者数は減ったものの、その代わり実現可能性の高いビジネスプランが増えたといわれている。

表３－４－１ 応募者数と受賞者数の推移

(単位：人)

年度	応募者数	うち市内	うち市外	大賞受賞者
2010	25	6	19	4
2011	23	12	11	2
2012	13	4	9	1
2013	11	3	8	1
2014	13	4	9	1
2015	9	4	5	1

資料：江津市地域振興室・中川室長作成資料

表３－４－２ Go-Con 大賞受賞者のビジネスプラン

通番	受賞年度	部門	ビジネスプランの概要
1	2010	新規創業・経営革新部門	広葉樹が多く残る江津市の森林資源の保全を徹底し、「里山立国宣言」を行い、全国的な知名度向上を図る。
2			鉄分が不足しがちな現代女性をターゲットに、江津市の特産品である桑の実の豊富な鉄分を生かしたタブレットや菓子の商品化を図る。
3		課題解決プロデューサー部門	地域の企業や行政等と連携した大学生等のインターンシップ事業を実施し、過疎地域の情報発信力の強化と地域で挑戦する若者を支援する。
4			実家の養鶏場で飼料として活用してきたノウハウを生かし、市内の放置された竹を伐採し、竹炭として利用する。
5	2011	新規創業・経営革新部門	「風のえんがわ」の事例を参照。
6		課題解決プロデューサー部門	島根の豊かな暮らしの認知度が低いことから、①島根の情報を発信し、②人を呼び、③人を留めるをパッケージ化したビジネスを起こす。島根の特産品を東京に売り込んだり、島根へのツアーを開催したり、地元学生等との連携によるコミュニティカフェを運営したりする。
7	2012	－	江津市に多く存在する空き店舗、空き家を活用して、現代のニーズに応じた空間にリノベートする。街並み保存に配慮しながら、地域外からの集客を目指す。
8	2013	－	江津市東部にある菰沢公園を中心に、地域の魅力を気軽に体験できるプランを提案。グルメ・観光・イベント・キャンプ場の遊び方等をわかりやすく提供することにより菰沢公園オートキャンプ場を滞在型観光資源として認知させる。
9	2014	－	「石見麦酒」の事例を参照。
10	2015	－	経営コンサルティング事業、体験ツアー事業、ゲストハウス事業を立ち上げ、江の川流域全体を魅力ある観光資源にすることで、江津市に賑わいをもたらす。

資料：江津市地域振興室・中川室長作成資料、てごねっと石見のホームページ等をもとに作成。
(注) 2010年度、2011年度は部門ごとに大賞が設けられたが、2012年度からは一本化された。

ある。その南、1キロメートル近くの県道沿いに「風のえんがわ」がある。古民家を改造したカフェである。Go-Con2011で新規創業・経営革新部門の大賞を受賞した多田十誠さんが2013年1月にオープンした。

多田さんは1966年に江津市で生まれた。料理専門学校を卒業し、フランスでの修業を経て横浜のホテルなどで調理の腕を磨いた。そして、東京で有機・無農薬野菜など食材にこだわった居酒屋を経営した。やがて子どもが生まれ、子育ての環境を考えた結果、2009年4月にUターンした。その際、ふるさと島根定住財団の定住対策事業の一つである産業体験支援制度を利用し、1年間の農業研修を受講した。

その後、建設会社に勤めながら、地元の友人家族と市民農園を借りて小麦を栽培して、昔ながらの製法によるパンづくりなどを楽しんでいた。やがて、1家族、2家族と参加者が増えるにつれて、こうした活動を趣味としてではなく、事業として継続していきたいと話し合うようになった。また多田さんには、農業や食にかかわる事業によって地域住民のコミュニケーションの場をつくりたいという思いがあった。そこで、前年に始まったGo-Conに応募することにしたのである。

ビジネスプランは、食と農と人をつなぐことをコンセプトにした。

「農」については、就農を希望してUターン・Iターンしてくる人を支援することを柱とした。農業だけでは生活するのが難しいことから、地元の菰沢池を中心に広がる菰沢公園の草刈りを江津市から受託して、それを就農希望者に依頼する、という計画である。島根県は、農業を営みながらほかの仕事にも携わる働き方、「半農半X（エックス）」を推進している。つまり、多田さんが提案する事業は、Xに地元公園の草刈り作業を「代入」するというものだ。

「食」については、自然農法や有機農法で栽培・育成された食材をUターン・Iターン就農者から仕入れて、カフェを経営するという事業で

ある。そして「人」は、コミュニケーションの場をつくる事業である。ファミリーレストランさえない地区には、子育て中の女性がホッと一息つける場所がない。そこで、たんに食事や飲み物を提供するだけではなく、お金を払って堂々とゆっくりできる場としての機能をカフェに付加しようとした。また、手芸品や絵画などを発表できるギャラリーとしても利用しようと考えた。

　以上のビジネスプランを多田さんは「風のえんがわ」と名付けた。縁側は家の中でもないし、外でもない空間である。地域に失われつつあるそうした空間を再生したいという思いがこめられているのだ。

　このプランをGo-Con2011に応募したところ、プレゼンテーション資料を何度もつくり直すなど苦労はしたが、新規創業・経営革新部門でみごとに大賞を受賞し、賞金50万円を獲得した。

ママ友を中心に評判を呼ぶ

　次は、ビジネスプランを実現するステップだ。カフェを営む物件は、親戚が所有する空き家を貸してもらうことができた。蚕小屋だった木造２階建て（延べ約120平方メートル）の古民家である。床の張り替えや厨房の改修、土間を吹き抜けにするなど、改造の多くは１カ月くらいかけて自分たちが行った。離れの倉庫はギャラリーとして利用できるように改装し、庭に繁る木々も自分たちが間伐した。資金は江津商工会議所のアドバイスを受けて、日本政策金融公庫、山陰合同銀行から合わせて500万円を借り入れた。さらに、ふるさと島根定住財団の助成制度（地域活性化活動支援・ジャンプアップ事業）に申請したところ採択され、300万円の交付金を受けた。

　カフェ「風のえんがわ」は2012年11月に開店した。延べ約80平方メートルある広間と15平方メートルの縁側、土間に客席が並ぶ。縁側の掃き

出し窓を開けると、心地よい風が吹き抜ける。畳敷きの広間には絵本や
おもちゃなどを置き、小さな子ども連れでも気兼ねなく長居できる。土
間には薪ストーブを置き、吹き抜けを通して2階も十分に暖まる空間と
なっている。自家製の天然酵母パンと無農薬・有機野菜をふんだんに
使ったランチメニューを、日替わりで提供している。

　展示会やイベントも頻繁に開いている。展示会や古本市をギャラリー
で開催したり、農業セミナーや地域づくりの講習会などを開催したりし
ている。仲間とつくった石窯でピザを焼くこともある。

　こうした店づくりが評判を呼び、江津市内だけではなく浜田市や出雲
市からも子ども連れの女性が多く来店するようになった。「ママ友」の
集まりなどにも利用されるという。そして2014年度には、島根県が子育
て支援に積極的に取り組む団体を表彰する「しまね子育て応援賞（こっ
ころ大賞）」にも選ばれた。

　多田さんがビジネスプランに掲げたコンセプトは着実に実現しつつ
ある。

② 石見麦酒〜地元の麦酒でオクトーバーフェストを〜

事業計画で地域貢献をアピール

　Go-Con2014で大賞を獲得した山口梓さん（神奈川県出身）は、同じ
信州大学農学部を卒業した厳雄さんと結婚し長野県で暮らしていたが、
夫の仕事の関係で2008年に島根県浜田市に移住した。あるイベントで
「風のえんがわ」の多田さんと知り合いになり、家族ぐるみでつきあい
が始まった。多田さんがGo-Con2011に応募したときには、仲間として
事業計画の策定に関わり、「風のえんがわ」のオープン後は店の運営を
手伝った。

　山口さんがGo-Conに応募するきっかけとなったのは、2014年3月に

「風のえんがわ」で開催された講演会を聴講したことである。自家製の天然酵母を用いてパンづくりを手がけているパン店オーナーが、パンづくりの技術を生かしてビールの製造に挑戦するという内容だった。その講演を聞いて、自分たちもやってみたいと考えたのだ。多田さんがGo-Con2011で大賞を獲得して夢を実現していることが、山口さんの決心を後押しした。長野でみそ醸造会社に勤務していた厳雄さんが、技術面などで協力してくれることも心強かった。

　事業計画を策定するにあたっては、三つの点で地域への貢献を打ち出すことにした。

　一つは、地域の農作物を用いることだ。山口さんはビールではなく、発泡酒を開発しようとした。発泡酒はビールと違い、麦汁をつくるときに混ぜる副原料に制約がない。また、最低醸造量が発泡酒は年間6キロリットルと、ビール（年間60キロリットル）よりも小さい。このため、地域ごとに異なる特産の果実を副原料にすれば、地域ごとに特徴のある発泡酒を小ロットで開発できる。例えば、益田市や津和野町の柚子、三隅町（現浜田市）の西条柿、石見地方全域ではピオーネ（ぶどうの一種）などである。小ロットで生産できるので、旅館などの観光施設からオリジナルの発泡酒づくりを請け負うこともできる。

　二つめは、開発した発泡酒をほかの特産品と一緒に売り込んでいこうとしたことだ。移動販売車で地域内外のイベントに出店し、まる姫ポーク（江津産のブランド豚肉）のソーセージなどをあわせて販売すれば、石見地域の宣伝にもなる。

　三つめは、地元でブルワリーを設立する人に対するサポートを行うことだ。いわば後発企業に対する創業支援である。

　酒類製造免許を取得するにはさまざまな要件を満たさなければならない。その一つに技術的能力がある。実技研修の受講事績など、酒類の製

造について必要な技術的能力を備えていることを客観的に示さなければ
ならないのである。しかし、研修を受けようとしても、地元には発泡酒
メーカーがない。そこで、最初に自分たちが免許を取得すれば、研修希
望者を受け入れられるので、後発企業は免許を取得しやすくなるだろう。

　石見地方に同業者が4社くらいできれば、それぞれが自慢の発泡酒を
持ち寄って、「オクトーバーフェスト」[9]を開催し、地域を盛り上げよう。
そうしたねらいがあり、後発企業の創業を支援することを計画に盛り
込んだ。

　「目指せオクトーバーフェスト‼～街全体がブルワリー～」と名付け
た事業計画は、2015年2月に開催された最終審査会で大賞を獲得した。
その後、山口さんは関係者の支援を受けながら計画の実現に向けて動き
出した。

さまざまな支援を受けて事業を開始

　2015年5月に株式会社石見麦酒を設立し、山口梓さんが社長に就任し
た。その設立登記にあたっては、江津商工会議所の専門家派遣制度を利
用して行政書士の力を借りた。

　てごねっと石見の担当者に勧められて、島根県の補助事業「島根型6
次産業ステップアップ事業」に申請することにした。提出資料を作成す
る際には、江津商工会議所や江津市商工観光課からさまざまなアドバイ
スを受けた。プレゼンテーション審査会（2015年4月）を経て申請は採
択され、補助金として500万円を獲得できた[10]。さらに、同年11月には山
陰合同銀行が主催する「ごうぎん起業家大賞」の最優秀賞に選ばれ、賞

9　ドイツを発祥とする、新しいビールの醸造シーズンの幕開けを祝う祭り。
10　申請数は18件、うち書面審査を経て14件がプレゼンテーション審査会に臨み、そのう
　　ち9件が採択された。

金100万円を獲得した。

　工場として利用したのは、市内にある島根県石央地域地場産業振興センターの施設である。江津市が紹介してくれたおかげで、円滑に賃借することができた。

　酒類製造免許を取得するために技術を学んだのは夫の厳雄さんである。近隣には研修を受けられるところがないので、同年4月から東京のブルワリーパブ（ビールを自ら製造し、提供するパブ）などに出向き、月に2〜3日以上の研修を受けた。こうして要件を満たした結果、同年12月に酒類製造免許が交付され、同社は晴れて酒造会社となった。

　2016年1月には、柑橘系の香りがするホップにレモンピールを加えた麦酒をはじめ3種類の試作に着手し、4月に販売を開始した。

　石見地域の人々がオクトーバーフェストを楽しめる日は遠くない。

てごねっと石見が果たす役割

　江津市がGo-Conを始めたことで地域経済にもたらされた第2の成果は、NPO法人てごねっと石見が設立されたことである。その果たしている役割は、創業支援、地域の人材育成、駅前地区を中心とする活性化の三つに分けられる。それぞれを担当するのは、てごねっと石見に置かれた創業支援部、人材育成部、駅前活性部である（図3−4−3）。これらの取り組みを通じて、若者が帰って来られる地域をつくろうとしているのだ。

　順を追ってみていこう。

① Go-Conの企画・運営とその前後の創業支援

　てごねっと石見はGo-Conの運営の主たる担い手である。主催者である江津市から運営を受託している。

図3−4−3　てごねっと石見の活動体制

創業支援部	駅前活性部	人材育成部
● 創業支援事業 ・ビジネスプランコンテストの企画・運営 ・起業塾等の企画・運営・異業種交流会の企画・運営 ● 創業人材や地域プロデュース人材の発掘や誘致	●中心市街地活性化イベントの企画運営 ●駅前商店会の交流イベント企画・運営 ●空き店舗活用の促進	●次世代人材育成事業「ロボット・サッカー教室」の企画・運営 ●初等教育からのキャリア教育 ●大学生×地域コラボレーション ●インターンシップ受け入れ
創業したい若者、挑戦したい若者のたまり場くり		

資料：図3−4−2と同じ。

すでに述べたように、当初から Go-Con はたんにビジネスプランを募集して受賞者を表彰するだけではなく、事業計画の実現に向けて支援することを重視している。その特徴は二つ指摘できる。一つは、江津市、江津商工会議所、桜江町商工会、日本海信用金庫、てごねっと石見の5機関が役割分担しながら支援を提供していることである（図3−4−4）。いずれも地元で創業支援を手がけており、ネットワークを組むことで多様な支援が可能になる。

もう一つの特徴は、募集要項の発表（応募の開始）から最終審査会における大賞の決定までのおよそ半年間だけではなく、その前後にも支援を提供していることである（図3−4−5）。

応募前の支援

前段階での支援には、「ごうつ道場」と名付けられたセミナーがある。Go-Con の開催を契機に、まちづくりや地域活性化などに関心を持つ若者が現れてきた。しかし、その多くは何かにチャレンジしたいという思いはあっても、具体的に何をやればよいか分からない。そのような

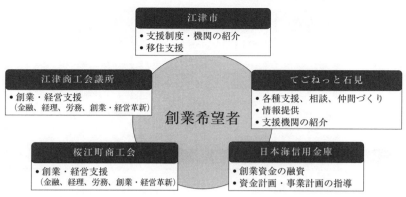

図3−4−4　5機関による創業支援の役割分担

資料：図3−4−2と同じ。

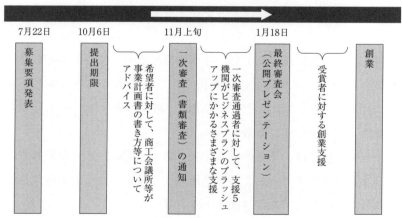

図3−4−5　Go-Con の日程

資料：てごねっと石見のホームページ及び聞き取り調査
（注）Go-Con2014の日程である。

若者に対して、仲間づくりや具体的な行動につながるような場を提供するために、てごねっと石見が2014年から開催しているセミナーだ。つまり、彼らが一歩前に進むための「てご」をするのである。

年間6回開催されるごうつ道場では、ケーススタディセミナーが行わ

れる。主として県内の若手起業家を講師として、「自分を知る」「プランテーマの設定」「プランのビジョン・ミッションを描く」など段階を追ったカリキュラムを設定している。そして最終回（第6回）に自身のプランを発表するのである。2014年度には7人、2015年度には11人が参加した。

このごうつ道場はGo-Conへの登竜門のような位置付けもある。2014年度の参加者のうち、3人がGo-Conに応募し、そのうち1人は最終審査に進んだ。

さらに、江津商工会議所が桜江町商工会と共催する創業塾もある。事業計画の立案の方法、マーケティング、公的な支援施策の紹介など、創業に必要な知識や情報を4～5回に分けて講義するセミナーだ。Go-Conへの応募を予定している人だけでなく、創業希望者や後継者などを広く対象としており、年間10人程度が参加するという。なお、いままでの受講者のうち2人がGo-Conで大賞を受賞した。先に紹介した「風のえんがわ」の多田さんもその1人だ。

応募者への支援

Go-Con応募者に対しては、最終審査会に至るまでも支援が提供される。主として、応募者が事業計画を完成させる過程でさまざまな助言を行うものである。

例えば、「石見麦酒」の山口さんは募集開始後から一次審査までの間に、てごねっと石見に相談を持ちかけた。そして数回の面談を通じて、事業計画の内容だけでなく、その見せ方などについてもアドバイスを受けた。

また、一次審査を通過した応募者に対しては、最終審査の1カ月前にブラッシュアップ勉強会が開催される。プレゼンテーションの予行演習

を行うとともに、応募者の交流を図ることも目的とする。その場で応募者は厳しいコメントやアドバイスを受け、計画や発表方法をブラッシュアップする。実際に、「風のえんがわ」の多田さんは、やりたいことが多すぎて分かりづらい、10分と限られた時間のなかでアピールすることが大事だ、などという指摘を受け、最終審査会を前に発表資料を大きく修正したという。

事業の立ち上げに向けた支援

受賞後も、事業の立ち上げに向けた支援が提供される。実例は、「風のえんがわ」「石見麦酒」の事例でみたとおりである。てごねっと石見は豊富なネットワークを通じて人材や経営資源を紹介する。また例えば、補助金制度の申請資料を作成するにあたって江津市や江津商工会議所がアドバイスしたり、融資に関して江津商工会議所が金融機関を紹介したり、地場産業振興センターに入居するにあたって江津市が手を貸したりと、創業者一人ひとりの必要に応じた伴走型支援であることが特徴だ。

② **地域の人材育成**

てごねっと石見が果たしている二つめの役割は、地域の人材育成である。地元の魅力を知ってもらう事業や、地元の企業の魅力を高める事業などを通じて、帰って来られる地域づくりに取り組んでいる。

前者の取り組みは、キャリア教育モデル事業である。島根県の「地域でつなぐキャリア教育モデル事業」のモデル地域に江津地域が指定され、てごねっと石見が事務局として運営を担っている。2013年度からの３カ年事業である。

この事業は、地元の児童・生徒に江津の魅力を理解してもらうことをねらいとしている。彼らが大学進学や就職を機に地域外にいったん出る

のは仕方がない。それでも地元の魅力を理解していれば、あるいは地元にどんな企業があるかを知っていれば、いずれは帰ってくるだろう。そこで、さまざまな角度から江津について学ぶ場を提供しているのだ。例えば、地元にUターン・Iターンした若者が江津のどこに魅力を感じたのかを伝える授業である。あるいは、地元の企業の人たちと「なぜ働くのか」といったテーマでディスカッションを行う場を設けたりしている。

地元の企業の魅力を高める事業は、てごねっと石見が島根県から受託し、運営を担っている「企業魅力化実践セミナー」である。石見地域の企業の経営者・役員を対象とする全6回のセミナーだ。人本経営[11]について学んだうえで、最終回に自社の魅力化プログラムを発表する。働きたいと思えるような魅力的な会社が増えれば、若者も地元に帰って来やすくなる。

てごねっと石見の横田学理事長は、中村ブレイス株式会社[12]（島根県大田市）のような、「この会社で働きたい」と思われる、石見地域を代表する会社を5社以上生み出したいと考えているという。

③　駅前の活性化

てごねっと石見が果たしている三つめの役割は、駅前地区の活性化である。その中心となる担い手は藤田貴子さんだ。

「ふらり」からてごねっと石見へ

藤田さんは江津におけるまちづくりのキーパーソンの1人である。嫁ぎ先の酒屋「エスポアたびら」を夫と一緒に経営するとともに、てご

11　社員、取引先、地域社会の住民、株主など、企業経営に関わる人を大切にする経営を指す。
12　義肢・装具や人工乳房などの製造会社として世界的に有名。島根県大田市に本社を置く。

てごねっと石見・藤田貴子さん

ねっと石見の専務理事・事務局長、江津万葉の里商店会の会長、本町ふらり実行委員を務めるなど、さまざまな顔をもつ。

　藤田さんがまちづくりに関わるようになったのは2006年である。藤田さんが育った江津本町地区には江戸時代からの街並みが残る。その魅力をもっと知ってもらいたいと考え、友人たちと「ふらり」というイベントを開催した。古い建物に県内各地から募った個性的な店が出展する「市」を開き、街並みを見学するオリエンテーリングを行った。このイベントは好評をもって迎えられ、毎年開催されるようになった。

　2008年には、夫の実家が所有する老朽化した長屋を大阪芸術大学の学生の協力を得て修復し、活動拠点となるフリースペース「本町KICHI」を設けた。そして新たな出会いの場となる異業種交流会「う・まいんど」を隔月で開催した。「うまい」ものを食べながら、石見地域の「マインド」を高め、業種や肩書を超えたネットワークをつくる会だ。藤田さん自身も、市役所をはじめ行政関係者などとのネットワークがさらに広がった。

　小さなまちの良いところは、誰がどのような分野のキーパーソンであるかがすぐに分かることだ。そう考えると、藤田さんがてごねっと石見

に関わるようになったのは必然である。先述のとおり、江津市役所の中川さんが地域のキーパーソン数人に声をかけ、2011年4月にてごねっと石見が設立された。その1人が藤田さんであった。設立当初は本町KICHIを事務所とし、藤田さんが専務理事に就任した。

手つなぎ市の開催[13]

藤田さんが江津駅前の商店街活動に関わるようになったのは、このころである。Go-Con2010に参加した若い人たちが地域課題の解決に向けて活動に取り組むのをサポートするうちに、自分も何かできないかと考えるようになったという。

江津万葉の里商店会は、駅と日本製紙の工場をつなぐあけぼの通りに立地しており、中心商店街として栄えていた。しかしモータリゼーションの進展に伴って空洞化が加速し、1998年には核店舗であった大型小売店「モア」が閉店するなど、昔日の面影はなかった。藤田さんが2011年7月に商店会のマネージャーに就任したころには、多くの空き店舗が生じ、昼間は歩いている人の数より猫のほうが多いという状態だったという。

藤田さんは「ふらり」の経験を生かして、同年10月にイベント「手つなぎ市」を開催した。それまでの商店会のイベントは店を閉じて行っていたが、開店したまま来場者を迎えることが重要だと考えた。「ふらり」と同様、飲食や雑貨などの出展者を空き店舗や軒先などに招いて「市」を開いたり、小学生が企画し大学生などがサポートする「こどもショッ

---

13 上記のとおり藤田さんは現在、てごねっと石見の専務理事・事務局長を務めるだけでなく、江津万葉の里商店会の会長を務めている。また、てごねっと石見は中心市街地活性化協議会の一員として中心市街地整備推進機構にも認定されている。以下では藤田さんやてごねっと石見が関与した取り組みをいくつか紹介するが、それらはてごねっと石見が単体で取り組んだものだけではなく、てごねっと石見を媒介として、さまざまな人や組織が取り組んだものなども含まれている。

プ」などを企画したりした。当日は約600人が来場、そのうち46％が市外から来た人であった。

藤田さんは手つなぎ市の開催を通じて、「駅前の元気が江津の元気につながるかもしれない。駅前活性化に取り組む価値は大きい」と感じたという。また、手つなぎ市が盛況だったことを受けて、日本海信用金庫があけぼの通りに立地していた旧出張所を貸してくれることになった。これを「駅前KICHI」と名付け、てごねっと石見の事務所を移した。このことも、てごねっと石見が駅前活性化に本格的に取り組む要因の一つになったのではないかと思われる。

翌2012年に、藤田さんは商店会に青年部を組織し、それまで商店街活動に関わっていなかった20歳代〜40歳代の若い世代十数人を巻き込んだ。組織化を任されたのは、三浦大紀さん（当時32歳）である。Go-Con2011の課題解決プロデューサー部門で大賞を受賞した三浦さんは、てごねっと石見のスタッフになっており、空き店舗活用事業などを担当していた。

彼らを仲間として、同年3月には2回目となる手つなぎ市を、そして7月には手つなぎ夜市を開催した。20年ぶりに復活した夜市には約1,500人が来場した。このとき行ったアンケートで駅前での創業意向を尋ねたところ、16％がイエスと回答しており、藤田さんたちは少しずつではあるが駅前地区の印象が変わってきたことを実感したという。

手つなぎ市は、毎年趣向を凝らしながら開催されている。

52Barなどによる情報発信

若い世代を巻き込んだ取り組みはさらに続く。2012年9月にオープンした「52（ごうつ）Bar」もその一つである。

きっかけは三浦さんが空き店舗調査をしていたときに、雰囲気の良い

純喫茶店を発見したことである。20年間も空き店舗だったことが幸いして、昔懐かしい、味のある雰囲気の店舗のまま残っていた。この店舗を、若い人が集まって語れる場所として、そして商店会の情報発信の場として利用しようと、商店会青年部がコミュニティバー「52 Bar」を企画した。若い人がちょっと一杯飲みながら語れる店がそれまでなかったからだ。

とはいえ、親会である商店会から支給された活動費10万円では出店できない。そこでイベントでビールやTシャツを売ったり、県の補助金を獲得したりして資金を調達した。それでも足りないので、内装は青年部のメンバーの手弁当だった。

バーとしての営業は金曜日と土曜日の夜6時〜9時。三浦さんをはじめ青年部のメンバーが交代で店主を務めた。それ以外に、映画やイラスト展、ライブなど、さまざまなイベントの会場として利用された。

52Barの取り組みは地元紙などで報道され、駅前地区でいま面白いことが始まっていることを地域の人々に印象づけることができた[14]。

商店会とてごねっと石見が2014年に手がけた「江津のうわさプロジェクト」も同様の取り組みである。江津駅前が面白くなっていることを可視化しようとしたものだ。具体的には、商店主や従業員たちの逸話や趣味、嬉しかったことなどを、「〜らしいよ」といううわさ風の文体にし、それをフキダシ型のシールにして商店などに貼り出すというプロジェクトである。例えば「ここのマスター、お酒が一滴も飲めないらしいよ」「このマネキン56歳らしいよ」といった具合である。来街者とのちょっとした会話のきっかけにするための仕組みでもある。

14　後述するように、多くの空き店舗が埋まり、当初の目的を達成できたことから、52Barは2014年12月末に週末営業を終えた。

空き店舗が埋まる

手つなぎ市を始めたり、面白いことが始まっていると情報発信したりしたことで、次第に駅前地区で何かをやりたいと駅前KICHIに顔を出す人が現れてきた。てごねっと石見では、そうした人たちに空き店舗の大家を紹介し、県や市の空き店舗活用事業を利用するように勧めた。その結果、2012年度には6店舗、2013年度には5店舗、2014年度には10店舗と、3年間で合計21店舗もの空き店舗が解消された。県産の木材を用いたり染め物などで装飾したりと、凝った内装の飲食店なども少なくない[15]。

ちょうど2012年ころに、駅前にビジネスホテルを誘致する計画が本決まりになったことから、飲食店などにとっては立地条件が良くなる見込みであったことも出店の加速につながった[16]。

商店会に加盟する店舗は46店、非加盟店を含めても70〜80店程度であり、空き店舗解消の規模はかなりの大きさだといえる。

地域活性化に取り組む人材を輩出

江津市がGo-Conを始めたことで地域経済にもたらされた第3の成果は、てごねっと石見を母体として、地域活性化に取り組む人材が相次いで生まれるようになったことである。そのうちの数人を紹介しよう。

「賞金」は1年間の経験

初期の人材はGo-Conの大賞受賞者から生まれた。課題解決プロデューサー部門で大賞を受賞した本宮理恵さんと三浦大紀さんの2人である。先に述べたように、同部門の受賞者には賞金として1年間の活動

---

15 それらの改装を手がけたのは、Go-Con2012の大賞受賞者である平下茂親さんである。前掲表3−4−2の7番を参照。
16 ビジネスホテルの誘致に関する経緯については、第2章（59ページ）を参照。

費が支給されるとともに、てごねっと石見という活動の場が与えられた。

本宮さんは、大学生等のインターンシップ事業を実施することで過疎地域の情報発信力を強化し、地域で挑戦する若者を支援するというビジネスプランによって受賞した（Go-Con2010)[17]。受賞後、てごねっと石見の初代理事の1人として参加し、大学生を対象とする地域実践型インターン[18]などを企画した。また、朝日新聞に「理恵の江津だより」を連載したり、中学・高校などでキャリア教育の講演を行ったりするなど、積極的に情報を発信した。「本宮さんは情報発信力が高く、発足したばかりのてごねっと石見にとってとてもありがたかった」と江津市役所の中川さんは語る。

三浦大紀さんは、地元の情報を編集する広告代理店「しまねPR協会」を設立し、①島根の情報を発信し、②人を呼び、③人を留めるの三つをパッケージ化することで島根の豊かな地域資源を有効活用するというビジネスプランを発表し、大賞を受賞した（Go-Con2011)。その後、てごねっと石見には1年間の予定を延長して2年間在籍し、商店街活性化やGo-Conの運営などの活動を担当した。先に述べたように、商店会青年部を組織し、52Barをオープンしたのはこのときである。

てごねっと石見での活動と並行して、三浦さんは自身の独立に向けた準備も行った。例えば、域外の企業のバイヤーを地元の企業に連れてきて商品を売り込むバイヤーツアーや、県産品を化粧箱に詰め合わせた引き出物などを企画した。そして、2014年4月に隣の浜田市で独立、株式会社シマネプロモーションを設立した。Go-Con2011で掲げた「しまねPR協会」を具体化したのだ。地元イベントのプロモーションを請け

17　本宮さんに関する記述は、てごねっと石見のホームページなどによる。
18　江津駅前の商店を学生が取材し、ブログと広報誌にまとめる研修である。商店にとって手が回りにくい情報発信を学生が行うとともに、学生にとってはコミュニケーション能力を養うことができる。

負ったり、独自の視点で編集した石見地域のドライバーズガイドブック
の作成を石見観光振興協議会から受託したりと、地域の魅力を広く発信
している。

てごねっと石見のスタッフから生まれる人材

　三浦さんたちに続く人材は、てごねっと石見の地域コーディネーター
から生まれている。

　その１人は、2013年から２年間在籍した盆子原照晶さんである[19]。大
学、大学院で都市計画などを学び、大規模小売店立地法関連のコンサル
ティング会社での勤務を経て、江津市にＵターンした。てごねっと石
見では地域コーディネーターとして、ビジネスプランコンテスト、商店
街活性化などを担当した。2015年６月からは、経験を生かし、江津市中
心市街地活性化協議会のタウンマネージャーとして活躍している。

　そしてもう１人は、現在てごねっと石見で地域コーディネーターを務
めている渡辺諭さんである。

　1985年に千葉県で生まれた渡辺さんは、都内の大学を卒業後、音楽業
界に就職し、イベントの企画・運営やアーティストのマネジメントに携
わった。やがて東日本大震災以降、都会での働き方や生活に疑問を感じ
るようになった。そのころ、雑誌「ソトコト」のコミュニティデザイン
特集号（2013年12月号）に掲載された江津市のゲストハウスに興味をも
ち、２泊３日で遊びに来た。するとオーナーが、藤田貴子さんや三浦大
紀さんなど、まちのキーパーソンを紹介してくれた。「とんがった人」が
いて面白いまちだと感じた渡辺さんは、江津へのＩターンを決心した。
そして藤田さんの勧めもあり、てごねっと石見で地域コーディネーター
として働くようになったのである。創業支援などを担当しており、事業

19　盆子原さんに関する記述は、てごねっと石見のホームページなどによる。

の立ち上げに向けたアドバイスなどは渡辺さんが中心に行っている。

　このようにてごねっと石見は、地域活性化に取り組む人材を生み出すインキュベーターとしての機能も果たしている。

さまざまな人材が織りなす地域の未来

　Go-Con を中心とする江津市における取り組みをみてきた。この事例で強調したいのは次の2点である。

　第1は、地域振興の主人公は1人ではないということだ。本稿では代表的な数人の活動を中心に描いてきたが、それでも登場人物は少なくない。

　たしかに Go-Con は中川哉さんの発想と実行力から始まった。しかし、てごねっと石見を設立したこと、藤田貴子さんを中心としててごねっと石見の活動を支えるスタッフを得たこと、Go-Con 応募者がてごねっと石見や商工会議所などの支援を受けて創業したことなど、多くの人の活動があったからこそ、多様な成果があがっているのである。どんなに力がある人でも、たった1人の力では地域は変わらない。

　第2は、Go-Con の本質はたんなるビジネスプランコンテストではなく、地域にさまざまな人材を呼び寄せたり、人材が出会ったりする機会として機能している点にあることだ。その扇の要がてごねっと石見である。

　近年、ビジネスプランコンテストを開催する地方公共団体は少なくない。しかし、ビジネスプランコンテストを実施するだけでは、江津市と同じ成果は得られないだろう。重要なのは地域振興の担い手が次々に生まれる仕組みである。

　地域の未来はさまざまな人材が織りなすものである。

（村上 義昭）

事例5

過疎のまちに生まれる
多様な取り組み
〜島根県美郷町〜

154

「平成の大合併」によって市町村数は3,255（1999年3月31日）から1,741（2015年10月1日）へと半分近くになった[1]。この間に合併していない市町村の面積は平均140.8平方キロメートルであるのに対して、合併市町村は同357.5平方キロメートルにのぼり、明らかに広い。これだけ広い地域を一つの取り組みだけで活性化するのは困難だ。地域の中で多様な取り組みが必要だろう。

島根県美郷町は2004年10月に旧邑智町と旧大和村が合併してできた、人口4,899人（国勢調査2015年速報値）、面積282.9平方キロメートルのまちである。1995年から2015年にかけての人口減少率は32.1％、2010年の高齢化率（総人口に占める65歳以上の比率）は42.6％と、いずれも県内で上位に入る[2]。典型的な過疎のまち美郷町ではいま、公務員や農家、商工会、住民などさまざまな担い手が多様な活動に取り組んでいる。以下では、そのうち三つの活動を紹介する。

活動1：害獣駆除から始まった地域資源の活用

イノシシの駆除の仕組みを変える

イノシシの肉を「おおち山くじら」として売り出す活動の始まりは、旧邑智町産業課に安田亮さん（現・美郷町産業振興課課長補佐）が異動になった1999年にさかのぼる。同課で安田さんは林業・鳥獣対策行政の担当となった。イノシシなどによる獣害対策も仕事の一つだった。

当時の獣害対策は狩猟免許をもつ猟友会に依存していた。銃器を用いるには銃猟免許が、囲いわな[3]を設置してわなにかかったイノシシを駆除するにはわな猟免許が必要だったからだ。行政は、農家が共同購入す

1　東京特別区を含む。
2　人口減少率は津和野町（32.8％）、川本町（32.5％）に次いで3位、高齢化率は知夫村（46.4％）に次いで2位である。
3　広さ6畳ほどの大型檻。複数のイノシシを一度に捕獲することができる。

る囲いわな1基22万円に対して15万円の補助金を支給するほか、一斉駆除の日には出動手当、そして駆除したイノシシ1頭につき6,000円の捕獲奨励金を支払っていた。当時はイノシシの尻尾を役場に持ち込めば、その数の頭数を駆除したとみなされていた。駆除期間は猟期以外の3月から10月である。

1999年度に「駆除」されたイノシシは1995年度（236頭）の3倍以上に当たる732頭。このため捕獲奨励金は当初予算の倍を超えるなど、町の獣害対策の予算は逼迫した。しかし、捕獲奨励金の件数は「猟期明けの3月に199件と年間総数の3割が集中。他の月の2〜7倍の申請が集まる不可解な傾向もみられた」[4]り、夏場なのに、ふさふさした冬毛の尻尾が持ち込まれたりすることもあったという。確認の方法に問題があったのだ。さらにいえば、夏に駆除しすぎると猟期の獲物が枯渇するため積極的にイノシシを駆除することには抵抗がある猟友会に、駆除を依存しなければならない点に問題の本質がある、と安田さんは気づいた。猟師は夏に駆除しても1頭6,000円にしかならないが、イノシシ肉の旬の冬場であれば10万円前後の収入になるのだから、駆除に積極的になれないのは当然だ。

そこで、まず2000年度に産業課は捕獲の確認方法を変更した。役場の担当者（つまり安田さん）が捕獲現場に確認に出向くことにしたのである。猟友会の人々が捕獲するのは、本業と重ならない平日の早朝か週末なので、安田さんも当然それに合わせて現場確認することになる。したがって、朝5時に電話を受け、出勤前に現場に出向くこともたびたびだった。

安田さんの負担は重かったが、2000年度の捕獲頭数は299頭に減少した。それ以外にも「収穫」はあった。一つは捕獲情報を台帳に記録した

4　中国新聞2000年5月13日朝刊。

ことだ。捕獲した日時や場所、方法、捕獲者、農業者立会人、イノシシの推定体重などの情報である。従来は銃器による捕獲が多いと思われていたが、情報を集計すると、実際は囲いわなによる捕獲が多いことが明らかになった。またこの台帳は、やがてイノシシ肉を流通させるうえで重要となる生産履歴を捕獲時点から追跡する仕組みのもとにもなった。

もう一つの収穫は、現場で農家と話をすることで親密な関係になったことだ。そこで、囲いわなによる捕獲が多いのであれば、農家自身がわな猟免許をとって駆除すればよい、と話を持ちかけると、30人前後の農家が免許を取得した。

2001年度には駆除組織を再編成し、邑智町有害鳥獣駆除班を結成した。問題の本質であった、猟友会依存の体制を改めたのだ。従来は猟友会の支部ごとに駆除が行われていた。支部には縄張りがあるため、横の連携が取れておらず、情報のやりとりなどもなかった。これでは一貫した駆除方針が立てられないことから、指揮や情報系統が明らかな、役場（町長）を頂点とするピラミッド型の組織に改めた。そして駆除班員にわな猟免許を取得した農家も加えるなど、農家主体の組織としたのである。

その結果、農家が主体的に工夫を凝らしたり、情報共有を図ったりするようになった。例えば、イノシシよけの電柵を畑に張る方法を学ぶ、わなを自作するなどの活動が生まれた。

捕獲したイノシシを「おおち山くじら」へ

鳥獣対策行政の担当者としての仕事であれば、ここまでで十分に役割を果たしたことになる。しかし、安田さんは次の段階、捕獲したイノシシを地域資源として活用することを目指した[5]。

5　以下の記述には、役場の職員としての活動だけではなく、安田さん個人としての活動も含まれる。

兵庫県の丹波地域以外にイノシシ肉の産地化に成功したところがあまりないのはなぜか。安田さんは猟師の縄張り意識が強いからだと考えた。小さな縄張りの中で一人ひとりの猟師が狩猟できる頭数は少なく、安定供給することが難しい。また、情報やノウハウが共有化されないため、猟師によって放血技術に差があり、肉質が均一ではない。こうしたことが、産地化を阻んでいたのだ。再編成した駆除組織であればこうした問題はない。したがって、夏場に200頭前後のイノシシ肉を供給できれば、小さなまちでも丹波に次ぐ産地になれるのではないか、と安田さんは考えた。

　まず、駆除期に捕獲したイノシシの肉質について科学的にデータを取ることから始めた。いわゆる「夏場のイノシシ」には臭みがある、脂肪がなくて旨みがない、と一般には思われている。それは本当なのか。そこで、農業・食品産業技術総合研究機構（農研機構）西日本農業研究センター・大田研究拠点と連携し、捕獲したイノシシを提供して肉質のデータなどを分析してもらった。

　肉が臭くなるのは、血抜きが不完全で酸化しやすいからである。イノシシを銃器で撃つなど、血抜きが不完全だと血が体内に残る。また、捕獲現場で血抜きをすると、解体施設に運ぶまでに時間がかかり、その分酸化が進む。冬ならば気温が低くて酸化の速度が遅いが、気温が高い夏場には酸化が促進されて、臭みが生じやすいのである。

　こうしたことが明らかになったので、イノシシを生体のまま処理施設に運搬してから処理・解体することにした。大きい囲いわなにかかったイノシシを小さな運搬箱に入れて、生きたまま処理施設に運ぶ。そして、動脈を切って手際よく血抜きし内臓を処理すると、臭みは生じない。捕獲頭数が多いときは、そのまま生かしておき、順番に処理すればよい。台帳に記録した情報によって、囲いわなによる捕獲が多いと判明

店頭に並ぶ「おおち山くじら」

していたからこそ可能になった方法である。

　肉質の問題がクリアになったことから、2004年6月に邑智町有害鳥獣駆除班を母体として、「おおち山くじら生産者組合」という任意団体を結成した。組合員は62人。町の事業としての活動ではなかったので、組合員がお金を出し合ってのスタートだった。なお、「山くじら」とはイノシシ肉の別称である。「おおち山くじら」を地域ブランドに育てたいという思いをこめての名称であった[6]。組合長には森林組合作業班員の品川光広さんが就任した。

　拠点となる処理施設は、使われていない食鳥肉処理施設を利用することにした。この施設は、1990年代前半に町がフランス鴨を特産品として

6　安田さんには、旧邑智町だけではなく邑智郡（美郷町、川本町、邑南町(おおなんちょう)）全域を対象とした地域ブランドに育てたいという思いがあった。安田さんは1990年代半ばに邑智郡総合事務組合に出向し、広域の地域振興に携わっていたことがある。そのような経験から生まれた発想だと思われる。

売り出そうとして新設したものだ。しかし特産品事業が失敗し、10年あまり放置されていた。それを町から格安で借りることができた。失敗した事業の遊休施設なので、町としても何かに活用してもらいたいと考えていたからだと思われる

まずはイベントで出店することから始めた。日曜日の夜、有志が10人前後集まって串焼き用に竹串をつくる。そしてイベントに出店し、竹串に肉を刺して焼くのだ。町内のイベントはもちろんのこと、広島で開催される全国都道府県対抗男子駅伝や島根ふるさとフェアなどに出店したり、農研機構が主催する「ブランドニッポンを試食する会」にもおおち山くじらを提供したりした。イベントでおおち山くじらを口にした多くの人から、「低脂肪でヘルシー、しかもおいしい」と好評を博した。

宣伝方法も工夫した。「いいものは口コミで」の信念のもと、インターネット販売には頼らなかった。マスコミにはたんなる特産品としてではなく、獣害対策に地域振興の要素が付加された取り組みとしてアピールした。

こうした地道な取り組みを通じて、組合は次第に販路を獲得していく。町内の飲食店では、すき焼き風の味付けをした山くじら丼、イノシシ肉のチャーシューを使ったラーメンなどをメニューに加えたところもあった。また、レストラン向けに野生鳥獣肉（ジビエ）など厳選した専門食材を卸す会社との取引が始まった。「ブランドニッポンを試食する会」への出品を機に、帝国ホテルなどからも注文を受けるようになった。

地域内に派生する活動

組合のこうした取り組みは、やがて地域にさまざまな活動を生み出す原動力となった。

2006年には「おおち山くじら倶楽部」が結成された。それまで精肉だ

けだった山くじらを総菜や弁当などの食材として加工する農村女性のグループである。廃止された給食センターを活動拠点としている。精肉を卸していた関係でつきあいのあった、松江の料亭・京らぎの石原社長にお願いして、半年間にわたって献立づくりなどを指導してもらった。山くじらの視察や町内の会議のほか、町内を通る JR 三江線の利用促進イベントなどに「山くじら弁当」が使われた。

　同じく2006年には、地元婦人会が主宰する「青空サロン」が始まった。農研機構西日本農業研究センターの研究圃場で取り組まれた、獣害に強い畑作りを実践する活動である。猿の被害に遭いにくい果樹づくりや、イノシシの防護柵の設置方法、野菜や果樹の収穫を増やすための植え付け・剪定の仕方などを学んでいる。2007年からは、産直朝市「青空サロン市場」を毎週水曜日に開催。サロンで学んだことを各自が家庭菜園などで実践して収穫した野菜や果実が市に並ぶ。

　2011年には、やはり地元婦人会による「青空クラフト」が結成された。イノシシの皮を用いて、財布や名刺入れ、ブックカバーなど皮革製品に加工するグループだ。ペンケースが町の成人式の記念品として採用されたこともある。

　また同年10月には、美郷町が「山くじらフォーラム〜獣害対策からはじまる人と食の地域おこし〜」を３日間にわたって開催し、全国から研究者や行政関係者、農林業者らのべ600人が参加した。

　2015年には、美郷町、おおち山くじら生産者組合、株式会社クイージ（本社・東京都日野市）の三者が地域活性化包括連携協定を締結した。クイージは鹿肉などのジビエをレストランなどに卸しており、組合とは以前から取引があった。この協定によって、同社は組合から山くじらの提供を受け、缶詰を製造することで、通年で山くじらを安定的に販売することを目指す。町の遊休施設だった保育所を無償で借り受け、工場と

事例5　島根県美郷町　| *161*

表３－５－１　おおち山くじら生産者組合の成果等

項　目	単位	2010年度	11年度	12年度	13年度	14年度
捕獲頭数（11～2月を除く）a	頭	692	138	387	565	632
うち資源として利用 b	頭	278	74	235	331	398
資源利用率 b/a ×100	％	40.2	53.6	60.7	58.6	63.0
売上金額（精肉のみ）	千円	8,664	6,381	4,704	7,238	9,956
視察の受け入れ人数	人	588	672	635	1,021	900

資料：美郷町産業振興課作成資料

して利用する。缶詰製造の研修を行うために地域おこし協力隊[7]の３人を受け入れるとともに、パートタイマー３人を地元で雇用した。2016年３月には OEM により販売が始まった。

　害獣駆除から始まった地域資源活用の取り組みは、さまざまな成果をあげている。例えば、精肉の売上高は約1,000万円である（表３－５－１）。地域経済にインパクトをもたらすほどではないと思う人もいるかもしれない。しかし、全国から注目され多くの視察者が美郷町を訪れたり、先にみたような農家や住民たちの自発的な取り組みが生まれたりするなど、売り上げ以外にもさまざまな成果があがっている。将来に向かって可能性が広がる1,000万円なのである。

活動２：商工会が復活させた空きスーパー

中核スーパーの閉店

　粕淵地区は役場や金融機関、小学校などが立地する美郷町の中心部である。町内で唯一の商店街である粕淵商店街もここにある。250メート

7　地域おこし協力隊の３人は美郷町に移住し、おおち山くじら生産者組合の後継者となる予定である。

ルの街路には、40前後の事業所が立地する。

　商店街を取り巻く環境は厳しい。長年にわたって、人口が減少するだけではなく購買力が地域外に流出しているからだ。粕淵地区から島根県大田市の中心部まで自動車で約30分、広島県三次市の中心部まで約1時間である。このため、地元購買率は食料品でさえも50％を切っている[8]。

　粕淵商店街にスーパー「サバス」が開業したのは1989年である。地元の食料品小売店と文具店が共同で開設した。売り場面積は約100坪。当時は町内に縫製工場が10社くらい立地しており、そこで働いていた女性が仕事帰りにサバスで食料品を買って帰ることが多かったという。しかし、ほとんどの縫製工場が廃業しスーパーの売り上げが減少、購買力の流出もそれに追い打ちをかけた。その結果、2009年6月にサバスは閉店に至った。

　そうした状況に危機感を覚えた地元では、美郷町商工会[9]を中心として「産直みさと市」を2010年10月にオープンし、空きスーパーを復活させた。その経緯をみていくにあたり、まず1990年代後半の旧大和村での取り組みに目を向けたい。その取り組みが産直みさと市へとつながっているからである。

共同仕入れ組織の結成

　中山間地域の小規模小売店では商品仕入れ先の確保が大きな課題となっている。仕入れロットが小さい小売店は、卸売業者にとって非効率な取引先であるからだ。大和地区でも1990年代にこうした課題が顕在化しつつあった。三次市や大田市に自ら仕入れに出向くだけの体力がない

8　島根県商工会連合会の調査。2013年調査によると、食料品の地元購買率は、旧邑智町が47.7％、旧大和村が44.1％である。

9　2006年4月に邑智町商工会と大和村商工会が合併して、美郷町商工会となった。

小売店にとっては、商品が仕入れられなければ死活問題である。それは
また、地区の生活環境の悪化にもつながる。そこで、大和村商工会（当
時）は経営指導員の中原忍さんを中心に対策を講じることにした。それ
は、地区内の小売店13店による共同仕入れ組織を結成し、食品等を扱う
ボランタリーチェーンの全日食チェーンに加盟するというものだった。

　しかし小売店の中には反対の声をあげるところが少なくなかった。独
自に仕入れに行ける小売店にとっては、それが差別化策になるからだ。
そこで中原さんは個別に説得を続けた。いまは三次市まで仕入れに行け
たとしても、５年後にはどうなるか分からないと考えたからだ。

　説得の結果、1998年に共同仕入れ組織「大和商店会」（現・合同会社
美郷商店会）を結成した。このときの経験があったことから、中原さん
はサバスの後を引き継いでスーパーを運営できると考えたという。

当初は苦戦した「産直みさと市」

　サバスの閉店を受けて町役場や関係者は対応を協議した。美郷町産業
振興課は、町内では小さな産直市などが各地で開かれているが、それら
をまとめて農業振興を図ってはどうかと打診してきた。それに対して商
工会は、スーパーに産直市を併設する業態を提案した。

　商店街には農協系のスーパーがもう１店舗あった。しかし、適正価格
での販売には健全な競争が不可欠である。また、農協系のスーパーの本
社は広島県にあるので、撤退するおそれがまったくないとはいいきれな
い。だからこそ、スーパーの機能が必要であると考えたのだ。商品は、
すでにつきあいがある全日食チェーンから仕入れることができる。

　もちろん商工会の提案がすんなりと認められたわけではない。プロが
経営してもうまくいかなかったのに、本当にスーパーが成り立つのか、
などの議論があった。中原さんは、農業振興だけではなく商業振興や雇

用の創出、生活環境の維持のためにはスーパーが必要であることを訴え、サバスの顧客を引き継げば経営は成り立つと事業計画を示した。

　その結果、次のような形態で運営することになった。まず産直市部門は、出荷者が「みさと産直企業組合」を設立する。スーパー部門は新たに美郷振興株式会社を設立し、運営主体とする。そしてレジはスーパーがまとめて行う、というものだ。美郷振興の資本金900万円は、大利邦雄商工会長（当時）をはじめ商工会関係者5人、町三役（町長、副町長、教育長）の8人が出資した[10]。社長には大利会長が就任し、商工会が主導して経営することになった。

　2010年10月に「産直みさと市」はオープン。当時、地域おこし協力隊として美郷町で活動していた人を店長として採用したほか、サバスの元パート従業員にも声をかけた。

調剤薬局も入居する産直みさと市

10　資本金900万円のほかに、補助金1,100万円（中小商業活力向上事業など）、借入金3,000万円の合計5,000万円を調達して開店費用に充てた。

サバスの顧客をそのまま引き継ぐことが事業計画の前提だった。しかし、2011年1月期の売り上げは月平均600万円に過ぎず、計画の半分にも満たなかった。閉店から1年半近くたち、顧客は農協系のスーパーや大田市などに思いのほか流れていたのだ。

経営の実務を担った中原さんは危機感を覚えた。しかし、夕方1時間のタイムセールを始めたり、商店街の酒屋が廃業したことを受けて酒類を販売したりすることで、当初計画の売り上げをおおむね達成できるようになった。都会では当たり前の売り方も地方ではある程度の効果があるものだ、と中原さんは感じたという。

新しい収益源となった調剤薬局

さらに2011年6月に調剤薬局をスーパーの一角に設けた。売り上げを補う新しい収益源として目を付けたのだ。スーパーでは一般医薬品を扱っていたが、その仕入れ先である薬問屋の話によると、県内に調剤薬局がないのは美郷町と隠岐島の知夫村だけだという。それだけに地域にとって必要とされていると考えた。町内の医師に話を聞くと、看護師は調剤にかかりっきりで本来の仕事に手が回りにくい状態だという。また小さな診療所にとって、薬の在庫負担も重い。そこで、美郷振興は東京からUターンしていた薬剤師を雇い、「みさと薬局」を開設したのである。

みさと薬局に持ち込まれる処方箋は、町内の二つの診療所が発行したもののほかに、大田市や出雲市の総合病院などで発行されたものが多い。それらの総合病院にはファクスコーナーがあり、処方箋を希望する調剤薬局に送信してもらえる。そうすれば帰路にみさと薬局で薬を受け取れるので、調剤を待つ必要はない。利用者の利便性は高まる。また地域にとっては、購買力の地域外への流出を防ぐことができ、スーパーにとっても「ついで買い」が期待できる。

その後各地の診療所から出店の要請を受け、同年10月には旧大和村に「だいわ薬局」を、2012年10月には益田市に「みと薬局」を開設した[11]。このように拡充された調剤薬局部門はスーパー部門の売り上げ増加にも貢献し、現在、スーパー部門は月商1,600万円程度、調剤薬局部門は月商2,200万円程度を計上している。

美郷振興の最大の特徴は、調剤薬局を併設することで事業性と社会性を両立していることにある。高齢化率が高い地域であることを逆手にとった工夫だといえる。処方箋を「資源」として利用しているのだ。

現在、商工会では買い物困難地域対策事業に取り組んでいる。買い物困難地域には高齢者が多く住んでいることから、多くの処方箋を受け取っているだろう。その調剤を美郷振興が一手に引き受けることで得られる利益を買い物困難地域の自治会に還元し、それを原資に地域に小さな店を設けたり、買い物用や通院用にバスを仕立てたりする。中原さんはこのような仕組みをつくれないかと提案している。

活動3：地域の生活を守る

合同会社だいわもんどは旧大和村の都賀・長藤地域の住民117人が440万円を出資して2014年12月に設立された。同地域には380世帯、872人が住んでいるので、世帯の3割が同社に出資したことになる。同社は指定管理者として道の駅「グリーンロード大和」を運営している[12]。代表社員はパナソニックに勤務して海外の工場などを経験し、定年後にUターンした吉田晃司さんである。

道の駅「グリーンロード大和」は1993年に設置されて以来、第三セク

11　さらに2013年には別会社として美郷ファーマシー株式会社を設立し、県内のほか広島県、岡山県の中山間地域等に調剤薬局を展開している。
12　同社は2015年4月に道の駅の指定管理者となったが、指定管理費はトイレの清掃管理に対する年間26万円に過ぎない。

ターが運営していた。やがて売り上げが落ち込んだことから、2011年に町と地元とで改善策について検討を重ねた。しかし新しい運営主体をどうするかがネックとなって、結論がなかなか得られなかった。そこで、住民が主体となって運営会社である合同会社だいわもんどを設立することになったのである。

とはいえ、何もないところにいきなり同社を設立できたわけではない。都賀・長藤地域協議会という住民組織が同社の設立母体となった。同協議会は地区内の四つの自治会などによって構成される。2008年に農山漁村地域力発掘支援モデル事業の推進組織として設立され、会長には吉田さんが就任した。同協議会は秋に行われる「伝統芸能と光の祭典」や「尺鮎釣り大会」などのイベントを開催したり、地域おこし協力隊を受け入れ農業振興や産直市などに取り組んだりしていた。こうした取り組みを通じて、地域としてのまとまりがあったからこそ、同社の設立が可能になったのである。

第三セクターが道の駅を運営していたころは、主として国道375号線を通行するドライバーを対象とする施設だった。小さなレストランにお土産などの物品を置き、週に２日ほど産直市を開いていた。地元の住民にあまり目を向けてはいなかったのだ。一方、同地域は近隣に商店がない買い物困難地区である。住民の多くは大田市や三次市に買い物に出かけていた。そこで同社は、2015年４月に道の駅をリニューアルし、地域住民に役立つ施設づくりを目指した。

具体的には三つある。一つは、「まほろば産直市」と名付けた産直市を常設にしたことである。まほろば産直組合の組合員54人が出荷する地元農産物や味噌・こんにゃくなどの加工品を販売する。地域おこし協力隊が開発した特産品なども扱っている。

二つめは、食料品や日用品を販売する「だいわマート」である。小さ

日用品、食品を中心とした品ぞろえのだいわマート

なプレハブ造りだが、冷蔵棚を導入して精肉、鮮魚なども扱うなど、地域住民が必要とする商品を350品目ほどそろえている。これらの商品の多くは、全日食チェーンから仕入れている。

　三つめはレストランだ。ログハウス風の内装に改修し、地元食材をふんだんに使ったメニューをそろえた。山くじらを用いた「山くじら丼」もある。毎週土曜日には、地域の母親グループが料理を提供する「おかみさんレストラン」になる。

　初年度の売り上げは三セクが運営していたころを大幅に上回る見込みである。しかし売り上げ増加の背景にある、地域住民に利便性を提供している点を評価すべきであろう。だいわマートや産直市は高齢者世帯を中心に利用されており、便利になったと好評である。例えばある高齢女性は、夫の逝去によって買い物が困難になったことからさいたま市に住む息子の家に転居を考えていたが、だいわマートができたおかげでその

必要がなくなったという。

　もちろん、できたばかりの同社には課題もある。一つは、レストランの採算を確保することである。冬場の売り上げが落ち込み、採算が厳しいという。もう一つは人材の確保だ。部門別に役員を配置しているものの、それぞれに本業があるため、部門の運営にまとまった時間をとることができない。

　同社が課題を克服し、地域の生活を守るモデルを他地域に示す。それが同社に期待される最大の役割だろう。

＊　　＊　　＊

　地域が広ければ多様な問題が存在する。一つの取り組みだけで対応するのは困難だ。地域の中で多様な取り組みが必要だろう。

　美郷町で取り組まれている三つの活動をみてきた。地域ごとに活動の内容はそれぞれ異なる。取り組みの主体も、公務員や農家、商工会、住民と多様である。地域の活力を左右するのは、問題の解決に取り組む多様な人々がどの程度存在するかによるのではないだろうか。

（村上　義昭）

事例6

地域の企業が連携して
人材の定着に取り組む
～広島県安芸高田市～

人口減少傾向にある安芸高田市

　広島県の中北部に位置し、北を島根県、南を広島市、東広島市と接する安芸高田市は、2004年に旧高田郡内の吉田町、八千代町、美土里町、高宮町、甲田町、向原町が合併して生まれた。市役所のある吉田町の中心部までは、広島駅から列車や路線バスで1時間半ほどの距離にある。人口は2万9,485人（2015年）で、1995年からの20年間で約6,000人減少している（表3－6－1）。面積（537.75平方キロメートル）の約8割を林野が占め、産業をみると、農業・林業が盛んであるほか、県下の有力企業であるマツダの下請け企業をはじめ、輸送用機械、金属製品関連などの工場が立地している。

住民自治に取り組んできた川根地区

　市の北部に位置する高宮町川根（以下、「川根地区」という）は、島根県との県境に接する、約200世帯、人口約500人の集落である。山間部の土地を活用した小規模な農家が多く、稲作に併せて林業、木炭生産などを営むことで生計を立ててきた。周辺地域の工業化が進むと、工場へ働きに出る兼業農家が増えた一方、就業先を求めて都市部へ出る若者も多く、人口の減少、高齢化が進んだ。

　川根地区では、早くから住民らによる自治組織を中心に、地域振興に

表3－6－1　安芸高田市の人口、高齢化率の推移

	1990年	1995年	2000年	2005年	2010年	2015年
人　口	36,115人	35,821人	34,427人	33,096人	31,487人	29,485人
高齢化率	23.3%	27.5%	30.8%	32.5%	35.2%	－

資料：総務省「国勢調査」
（注）　1　1990～2000年は、吉田町、八千代町、美土里町、高宮町、甲田町、向原町の合計。
　　　　2　2015年は、速報値。

取り組んできた。過疎化が進む状況に危機感をもち、1972年に川根振興協議会を発足。同年、集中豪雨による河川の氾濫が地域に壊滅的な被害をもたらした際には、同協議会が中心となって住民らによる災害復旧活動を展開した。そうした経緯もあって団結を深め、協議会は1970年代後半に地域の全戸が加入する組織へと発展している。

　1980年代に入ると、一村一品運動[1]が全国的に盛り上がるなか、川根地区でも地域の産業をてこ入れすべく、特産品づくりの機運が高まった。

川根柚子を特産品に

　着目したのが柚子である。高知県をはじめ四国や九州など温暖な地域で生産量が多い柚子だが、ミカンなど他の柑橘系と比べると寒さに強く、冬には数十センチの積雪がある川根地区にも自生していたのだ。

　現在、川根地区には2,300本を超える柚子の成木があり、収穫量は50トンほどである。2012年設立の川根柚子協同組合（代表理事 熊高昌三）が各種の柚子加工品の商品開発・販売を手がけており、土産品店やアンテナショップ等での販売のほか、インターネット通販も行っている。同組合の年商は4,000万円を超え、15人を雇用している。

　「川根柚子」の特徴は、寒さに耐えようとして果皮が厚くなることだ。そのため、採れたての果実をしぼった飲料「柚子のしずく」や「柚子ぽん酢しょうゆ」[2]などのほか、「ゆずママレード」「川根柚子ぴぃーる」「柚子くっきぃ」など、肉厚な果皮も活用した商品の開発に力を入れており、30種類以上のラインアップがある。2015年には、川根柚子の果汁と果皮、広島県庄原市産のバターを使った「柚子ヴぁたーケーキ」が、

1　各地域が主体的に特産品をつくり、地域振興を図ろうとする運動。1979年に当時の大分県知事の平松守彦氏が提唱し、全国的に広まったもの。
2　商品化にあたって川中醤油株式会社（広島県広島市）と連携している。

川根柚子協同組合の加工センター

「FOODEX JAPAN 2015／第40回国際食品・飲料展」の美食女子グランプリ[3]で 金賞を受賞するなど、話題を呼んだ。

　こうした成果は、長年、地域一丸となって柚子の育成や商品開発に取り組んできたことが実を結んだものだ。川根地区では1980年代初頭に川根柚子振興協議会[4]を組織し、柚子の「接ぎ木」に地域ぐるみで取り組みはじめている。柚子の木の成長は遅い。種から育てると実を収穫できるようになるまでに20年近くを要するが、柚子の枝をカラタチに接ぎ木することで5年程度に短縮できる。

　そうして育んできた約2,300本の柚子の木のうち、およそ半数が川根柚子協同組合の所有で、半数は約50戸の農家がそれぞれに所有しているものである。農家からは同組合が1キログラム当たり100〜130円で買い

3　20〜40歳代の女性が審査員となり、女性が買いたい、食べたい食品・飲料を選ぶグランプリ。「FOODEX JAPAN 2015」は千葉県・幕張で開催された。
4　現在の川根柚子協同組合の前身にあたる任意団体。

取っている。問題は、農家の深刻な高齢化だ。柚子の生育には、年に
3〜5回の草刈りや剪定管理が必要である。川根地区では、同組合が主
導する形で無農薬の柚子栽培に取り組んでいるが、そのためには、陽当
たりや風通しを保ち、湿気がこもらないように手をかけることが欠かせ
ない。しかし、斜面に育つ木も多く、高齢者にとっては難儀な作業で
ある。

　そこで、20歳代の正社員2人を雇用して生産管理担当に配し、農家か
ら柚子の木の管理を受託する取り組みを始めたほか、地区内の柚子の生
育・収穫状況等のデータ管理に取り組んでいる。彼らは、1999年に入居
を開始した町営の「お好み住宅」で育った若者たちだ。これは、若者の
定住を促すために義務教育終了前の子どもをもつ家庭を対象に募集した
住宅で、設計に入居者の希望を反映し、20年間住み続けると所有権を得
られる。この住宅で育ち、いったんは地域外に出たものの、Uターンし
て就職した社員もいるという。同組合は、若者の貴重な就業の場にも
なっているのだ。

　このように地域に定着する若者が育ってきているものの、10月下旬か
ら12月上旬にかけての収穫期は繁忙で、依然、人手が足りない状況であ
る。そのため、収穫体験で大学生などのボランティアを受け入れるな
ど、地区外から人を呼び込むことで補っている。

　2014年の収穫期に、川根柚子協同組合は、安芸高田市南部の向原町の
NPO法人ふるさとネットやすらぎ会[5]から、短期の出向者を受け入れ
た。「たんに人手不足を補う以上の効果があった」と代表理事の熊高昌
三さんが語っているように、出向者は農業経験が豊富で、効率的な作業
の進め方や安全管理についてアドバイスをするなど、同組合の若手社員
が学ぶ点も多かったという。

5　特産品・農産物販売等を行う「向原農村交流館やすらぎ」を運営している。

地域の企業間で人材を交流

　それまで交流のなかった両社を仲介したのは、「安芸高田市『地域人材育成コンソーシアム』」（通称 あきたかたコンソ）だ。経済産業省の2013年度補正予算事業「地域企業人材共同育成事業」[6]に基づいて組織された、安芸高田市の中小企業等からなるコンソーシアム（企業連合）である（図3－6－1）。後述するNPO法人キャリアプロジェクト広島（広島県広島市）が事務局にあたるコーディネーターを務め、安芸高田市、同市の産業活動支援センター、地域振興事業団、商工会、工業会と連携して事業を推進している。

　「安芸高田市を一つの会社と考え、『あきたかたコンソ』登録企業がそれぞれの事業部、『あきたかたコンソ』コーディネーターが人事部として」[7]地域人材の育成に取り組む。これがコンソーシアム事業の趣旨だ。具体的には、主に以下の三つの活動を行っている。

①　「人材の企業間ローテーション」の導入支援

　人材の企業間ローテーションとは、地域の企業間で、短期出向という形態で行う人材交流である（図3－6－2）。1企業単位ではなく、地域単位で人材をとらえることにより、例えば、閑散期の企業から繁忙期の企業に人材を送り出すなど、地域内の人材の有効活用を図る。

　これはたんなる人員の融通にとどまらず、地域単位での人材育成を視

6　「地域人材育成コーディネーター」を中心とした、地域の複数の中小企業等による「地域人材育成コンソーシアム」の組成を支援し、地域の企業間での人材育成を目的とした出向・他社でのOJT研修、地域各地でのOFF-JT研修による人材育成等の実証を行うことで、未来の地域産業を支える人材を共同で育成する仕組みを構築することを目的とする事業。2013年度は全国6事業者、2014年度は9事業者が受託。

7　安芸高田市地域人材育成コンソーシアムホームページからの引用。

野に入れた取り組みでもある。受け入れ側企業においては、マンパワーの補充以外にも、出向者から自社にないノウハウを得るなどの効果が期待される。出向者自身も他社での経験が新たな知識や気づきを得る契機

図３－６－１　地域人材育成コンソーシアム

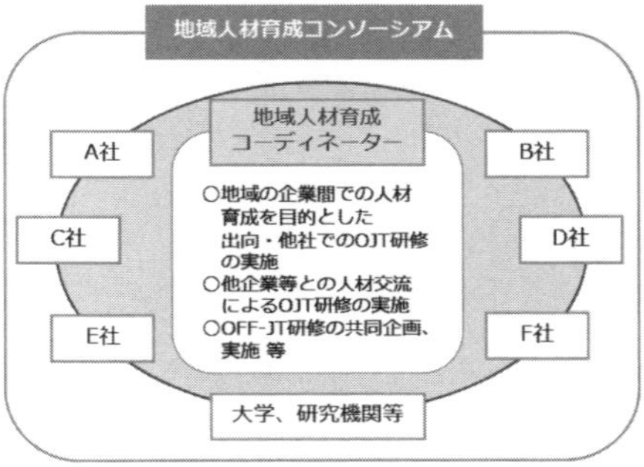

地域人材育成 コンソーシアム	地域人材育成コーディネーターを中心に、地域の企業間での人材育成を目的とした、複数の中小企業等で構成される組織。
地域人材育成 コーディネーター	本事業の中心となり、コンソーシアムの運営や共同人材育成研修の企画・運営等を行う者。
地域人材育成 コンソーシアム 構成企業	本事業の趣旨・目的に賛同し、共同人材育成研修に参加する中小企業・団体等。

出所：経済産業省「平成25年度補正予算事業 地域企業人材共同育成事業 事例集」

図３－６－２　人材の企業間ローテーションのイメージ

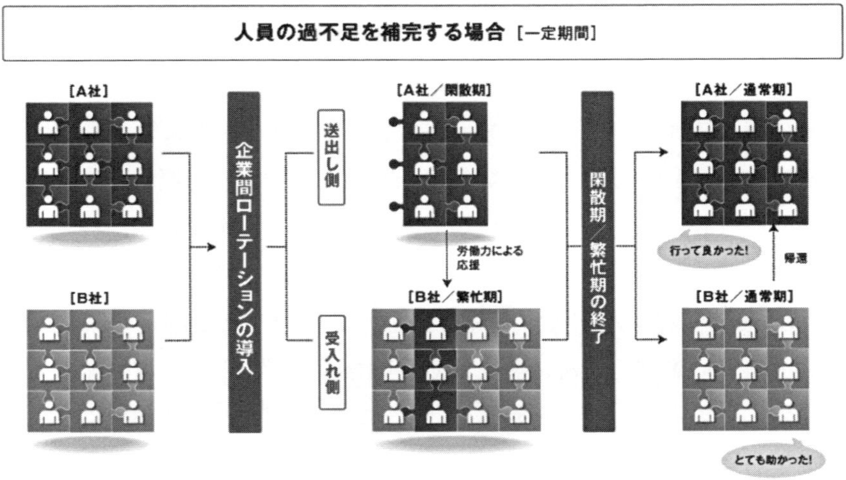

出所：安芸高田市地域人材育成コンソーシアムホームページ

となり、それをもち帰ることで、送り出し側企業の活性化につながる。このように、地域の企業間で人材交流を行うことで、地域に知識やノウハウが蓄積することをねらうものだ。

各企業のニーズ把握やマッチング、出向内容や待遇面・法律面の調整等については、コーディネーターが公的機関や各方面の専門家と連携しながら担う。前述した川根柚子協同組合のケースでも、収穫期の人手不足の問題を抱える同組合の声を拾い、コーディネーターが仲介役となって、適した企業・人材を紹介した。

② 若手社員の合同研修会の開催

安芸高田市の中小企業等の若手社員が集い、合同で研修会を行うもの。各回、ビジネスマナーやコミュニケーション能力向上といったテーマを設定し、グループワーク形式の研修を中心に行う。若手社員の教育訓練の機会を提供するとともに、地域のなかで同期の仲間をつくり、地域で働く意識を醸成することをねらっている。

③ 経営者等の情報交換会・交流会の開催

経営者や人事担当者等を対象として、月1回のペースで定期開催する情報交換会。自身や自社についての一言紹介に始まり、経営や地域に関する情報交換のほか、人材交流等のコンソーシアム事業の活用法についての勉強会、軽食を囲んでの懇親会をあわせて行っている。地域経済を担う企業経営者等が交流する場を提供し、顔のみえる関係を築くことで、企業間の連携・交流に発展する土壌をつくることも、取り組みの大きなねらいである。2015年からは、外部講師を招き、全4回のカリキュラムで行う経営者等の研修会「あきたかたマネジメントアドバンス倶楽部」も実施している。

キャリアプロジェクト広島・有田耕一郎さん

出発点は地域外からきた経営者が直面した課題

　あきたかたコンソのキーマンであり、生みの親ともいえるのが、コーディネーターを務めるNPO法人キャリアプロジェクト広島の代表の有田耕一郎さんだ。有田さんは住友商事に18年間勤務した後、取引関係があった鋼材加工業の株式会社フリーエム（広島県安芸高田市、従業員数40人）に2000年に副社長として入社、2009年から社長に就いている。その傍ら、同NPO法人を立ち上げ、コンソーシアム事業に取り組んでいるのだ。

　あきたかたコンソの構想の原点は、実は、地域外の大企業から移籍してきた有田さんが抱いた問題意識にある。フリーエムでは新卒者の採用を行っているが、学生は大都市圏・大企業に流れ、折角採用しても離職が多い。人材の採用力、育成力、定着力を向上させることは喫緊の課題だが、中小企業1社では取り組みに限界があると感じたのだ。

　中小企業では、大企業ほど教育訓練のシステムができ上がっておらず、キャリアパスも限られる。同年代の社員数は少なく、切磋琢磨する機会に乏しい。部署間の異動も限られ、担当する業務内容、上司・同

僚・取引相手等の人間関係が固定される傾向にある。そのため、業務の適性が合わなかったり、上司や同僚と馬が合わなかったりした際の逃げ場がなく、離職につながるケースが少なくない。有田さんは安芸高田市に来て、そうした中小企業の人材面の課題に直面したのである。

苦い経験もあった。リーマン・ショック後に受注が減った際、雇用調整のために助成金を活用して社員を一時休業させたところ、働く意欲を失ってしまったのだ。他企業に出向させるなど、何らか方法があったのではないかと悔やんだ。

そうした問題意識から、有田さんはキャリアカウンセラーの資格を取得。学生と社会人が交流するワークショップやセミナーを自主的に企画し、1年間、定期的に開催した。同じくキャリアカウンセラーである大学関係者と話すなかで、「学生が社会人と接する機会を増やしたい」という声を聞き、「学生が目を向けてくれない」ことに悩む地域の企業との橋渡しができればと考えたのだ。

この取り組みが行政担当者の目に留まり、2012年にNPO法人キャリアプロジェクト広島を設立、2013年に開設された「街ナカキャリアプラザ」の運営を広島市から受託することにつながった。学生と社会人との交流会、外部講師による就活応援セミナー、キャリアカウンセラーによる相談会などを行う、若者のキャリア形成の支援拠点である。

その一方で、2013年4月に広島で開かれた内閣府主催の第4回「若者・女性活躍推進フォーラム」において、有田さんは地元企業経営者の代表として「地域人材育成コンソーシアム」構想を発表した。あきたかたコンソの基となる構想である。中小企業一社では対応が難しい人材面の課題に対し、地域の企業一社一社を大企業の事業部に見立て、地域ぐるみで取り組むことで、解決の糸口を見出そうというものだ（図3－6－3）。学生に志望動機を尋ねると、「地元で働きたいから」との声が案

図3−6−3 人材交流のイメージ

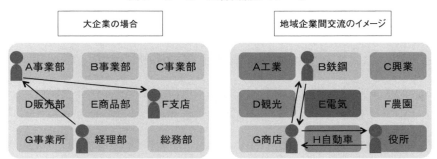

資料：NPO法人キャリアプロジェクト広島作成資料より筆者作成

外多い。「それは会社というより、地域に入社するということでは」という素朴な疑問が、構想のヒントになった。地域の企業が連携し、多様な働き方やキャリアパスを提供できれば、人材を地域に引きつけ、定着させられるのではないか――。

　発表後の同年6月に閣議決定した「日本再興戦略・中短期工程表」には「地域人材育成コンソーシアムの組成支援」が盛り込まれ、同年9月〜2014年2月には経済産業省中国経済産業局の調査事業「平成25年度産業経済研究調査（地域人材育成コンソーシアムによる地域産業活性化推進方策調査）」が実施された。この調査事業を経て、2014年4月にあきたかたコンソは誕生した。

　調査事業では、有田さんが経営するフリーエムが受け入れ企業となり、人材の企業間ローテーションを試行した。病気療養中の社員の穴を埋めるため、取引関係のあった企業から、現場のまとめ役にあたるベテラン社員を送り出してもらったのである。経営者同士に面識があり、調整のうえで計画したが、実際に行うにあたっては、送り出し側企業の社員から賛否両論の声が上がったという。まとめ役の社員が不在になれば、現場が混乱するとの不安もあったのだ。しかし、実際に送り出して

みると、残った社員で協力し、責任感をもって業務を行うことができたと、前向きな評価が聞かれた。

人材交流が生まれる土壌づくりに注力

あきたかたコンソが生まれて約2年である。登録企業は徐々に増え、約40社が参加している一方、本丸といえる人材の企業間ローテーションについては、実績はまだ一桁にとどまっている。趣旨には賛同できるものの、経営者にはやはり社員の引き抜き等への警戒心があるようだ。調査事業で明らかになったように、社員の理解も必要になってくる。

実際に人材交流を行い、その効果を実感してもらうことが、次の交流につながる。前述の川根柚子協同組合では、2014年に引き続き、2015年もあきたかたコンソを介して出向者を受け入れた。また、2015年3月には企画・営業部長の熊高順八さんが、独自の仕組みで生鮮野菜の通販事業を営む安芸高田市の企業に短期出向を行った。自社の経営に生かそうと、出向先の理解を得て、出荷等の業務を担当しながらOJTでインターネット通販のノウハウを学んだものだ。

いまはこうした実績を一件一件積み上げていくとともに、そのための土壌づくり、情報交換会や合同研修会を重ねるなかで、コンソーシアム事業への理解を広げ、地域の企業間、社員間の信頼関係を育むことに注力している段階といえる。事業の長期的な継続を考えれば、資金面やコーディネーターの担い手をどうするかなど、解決すべき課題も多い。ともあれ、有田さんが描いた構想は、地域企業や公的機関を巻き込んで社会に芽を出した。より大きく成長させるための土壌づくりに時間がかかるかもしれないが、人材面から地域振興を図るこの取り組みは、ゆくゆく地域に大きな実りをもたらすに違いない。

（渡辺 綱介）

事例7

島民一人ひとりの思いがつくる
離島の未来
～愛媛県上島町（かみじま）～

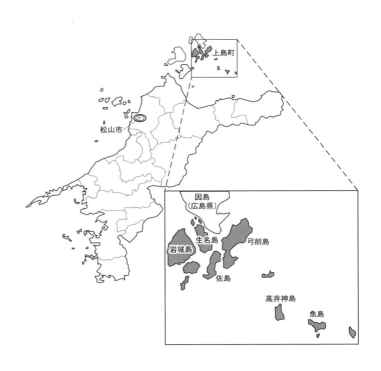

離島からなる町

　広島県・因島の南部にある土生港に立つと、すぐ目の前にみえるのが、愛媛県上島町の島々だ。

　瀬戸内海の西部、広島県と愛媛県の間に散在する芸予諸島の一角をなす上島町は、弓削町、生名村、岩城村、魚島村の旧4町村が合併して2004年に誕生した町で、大小20を超える離島からなる（表）。このうち半数以上が無人島で、人口は7,122人（2015年国勢調査速報値）である。

　愛媛県に属する上島町だが、四国本土から渡るには、今治港から快速船で1時間ほどを要する。一方、広島県・因島からは、最も近い生名島で約300メートルしか離れておらず、フェリーボートで5分とかからない。町役場のある弓削島へも、10分程度である。こうした立地条件にある上島町の生活・経済圏は、広島県側に属する部分が大きくなっている。

島の経済を支えた造船業の衰退

　約3,000人が暮らし、町内で最も人口が多い島が、弓削島である。古くは製塩が盛んなことで知られ、鎌倉時代から室町時代にかけて、京都・東寺の荘園の一つとして、塩を献上していた。しかし、この製塩の

表　上島町の主な有人島

	旧町村名	面積（km²）	人口（人）
弓削島	弓削町	8.68	3,404
佐島		2.68	
岩城島	岩城村	8.95	2,311
生名島	生名村	3.67	1,705
魚島	魚島村	1.36	228
高井神島		1.34	

資料：国土地理院ホームページ、2010年国勢調査
（注）表中の人口は、執筆時点で旧市町村別に公表されている最新調査である2010年国勢調査に基づく。

伝統は、近代に入りいったん途絶えることとなる。

　明治時代以降は、造船業が島の経済を支えてきた。このあたりは古くから海運の要所で、「村上水軍」が活躍したことでも知られるが、近代において造船業が地域で発展をみせたのには、お隣、因島で操業を開始した日立造船因島工場の影響によるところが大きい。最盛期には弓削島からも多くの島民が同工場や関連工場に就職し、フェリーで通勤していた。しかし、1970年代のオイルショックを経て、1980年代後半の深刻な造船不況から日立造船が新造船から撤退[1]すると、弓削島の経済も、その煽りを強く受けることとなった。

　造船業以外の弓削島の産業をみると、海苔の養殖や小規模の漁業、傾斜地を活用した零細な農業などがみられるものの、ほかに地域の牽引役となるような産業がないのが実情といえる。観光振興の面では、温暖な気候、穏やかな内海と島々を望む風景美という瀬戸内地方特有の自然環境に恵まれる半面、離島というアクセス条件がハードルとなっている。島には、旧国民宿舎を改装し、民間企業に運営を委託しているホテル「インランド・シー・リゾート・フェスパ」（2011年オープン）があるが、そのほかには民宿が数件みられる程度となっている。

上島架橋の推進

　周囲と海で隔てられている上島町だが、町内の各島を結ぶ架橋事業が推進されている。はじめに開通したのは旧弓削町の弓削島と佐島との間を結ぶ弓削大橋（1996年竣工）で、合併後の2011年には、佐島〜生名島間を結ぶ生名橋が完成している。

　また、生名島〜岩城島間についても2021年度の架橋を目指している。完成すれば、町の人口の9割強を占める4島（弓削島〜佐島〜生名島〜

1　2005年より内海造船株式会社（広島県尾道市）因島工場として稼働している。

弓削大橋から望む弓削島中心部

岩城島）がつながることとなる。
　生名島は、農業やクルマエビ養殖などの漁業のほか、「ゆめしま海道いきなマラソン」を開催したり、スポーツ合宿の誘致に取り組んだりするなど、スポーツの島としての魅力発信にも力を入れている。弓削島に次ぐ人口を有する岩城島は、造船関連の企業が立地するほか、1980年代から果皮の青いレモンやライムを特産品に育てるべく取り組んできており、「青いレモンの島」[2]としても知られる。近年では搾汁後のレモンを飼料として育てるブランド豚「レモンポーク」を島内外に発信している。また、島の中央にある積善山は、桜の名所である。
　これらの産業や観光資源をもつ島々が橋でつながることで、より活発な人の流れが生まれ、町全体が活性化することが期待される。もっとも、こうした相乗効果を高めるためには、それぞれの島の魅力をいっそう増し、発信していくことが必要だろう。

2　第三セクター・株式会社いわぎ物産センターの登録商標。

事例7　愛媛県上島町　｜　*187*

　以下では、上島町のうち、弓削島における地域振興の取り組みを中心にみていく。初めにみるのは、島で唯一のカフェ「しまで Café」である。

　このカフェは、2008年に島民約60人の出資により設立された株式会社しまの会社（愛媛県越智郡上島町、従業者数13人）が運営している。同社は、地域の素材を使った加工食品等のインターネット通販、介護施設や高齢者宅への配食サービスの提供、耕作放棄地を活用した新たな特産物づくりなどにも取り組んでおり、「平成23年度過疎地域自立活性化優良事例」[3]において総務大臣賞を受賞した。

島の女性たちを中心とした活動

　2008年オープンのしまで Café は、いまでは島のランドマークの一つになっている。青々とした弓削港に臨むこの店には、島外から町を訪れる人の多くが立ち寄り、ランチを楽しんでいく。また、島民が仕事の合間に一息つく場でもあり、近所のお年寄りの憩いの場でもある。

　店で楽しめるのは、弓削島をはじめ上島町産の食材を使ったメニューだ。例えば、地元の新鮮な魚介類を使った「地魚スパゲッティ」、岩城島産の「レモンポークのソテー」や、古来の製法で海水を煮詰めてつくった自然塩を使った「塩ジェラート」などを味わえる。なかでも特徴的なのは、島の野山や浜辺で採れた「摘み菜」[4]を使ったメニューだ。摘み菜とは、島に自生するヨモギをはじめ、タンポポやクローバー、シロツメクサ、アオサなど、食べられる野草や海藻のことである。各種のメニューの付け合わせに使われるほか、摘み菜をメーンの素材に使ったパスタ料理も看板メニューの一つだ。また、22種類もの摘み菜の小皿料理

3　総務省及び全国過疎地域自立促進連盟が、地域の自立と風格の醸成を目指し、創意工夫により地域の活性化が図られている優良事例を表彰するもの。

4　摘み菜を伝える会（代表　平谷けいこ）による登録商標。

しまで Café

が並ぶ「摘み菜模様」は、季節や日によって変わる素材の味が楽しめる。

　しまで Café の生みの親で、株式会社しまの会社の代表を務めるのは、弓削島出身の村上律子さんだ。村上さんは、もともと旧弓削町役場に勤務しており、町内初の女性課長を務めた。2007年に役場を早期退職したのち、島内外の人々が交流する拠点、島の魅力を発信する拠点の一つにしようと、このカフェを開いたのだ。

女性共同参画に関連して発足した「ゆげ女性塾」

　村上さんがしまで Café を開店するまでの経緯をみていくと、1993年の「ゆげ女性塾」の結成に遡る。その間、村上さんは地域振興に関わるさまざまな活動に携わり、多くの人を巻き込んできた。

　女性塾は、もともと男女共同参画型社会の確立を目指す施策に関連し

しまの会社・村上律子さん

て、島の各地区から15人の女性を選んで組織されたものだ。村上さんもその一員であり、リーダー役を任された。当初、ごみの減量化など身近な問題への取り組みからスタートし、高齢者を喜ばそうと大衆演劇の劇団を呼んだり、歌手を呼んでミニコンサートを企画したりしたが、活動に対する島民の反応は賛否両論だったそうだ。当時はまだ女性活躍への理解が浸透しておらず、女性が家庭のこと以外で何か活動をすること自体を快く受け取られない風潮が島に残っていたという。女性塾のメンバー自身、家族の理解を得るのに苦慮しながらの活動だった。

そんななか、『弓削民俗誌』[5]（1998年）の刊行が、潮目が変わる契機となった。島の暮らしを体系的にまとめた書物で、失われつつあった方言や荘園時代から続いてきた歴史ある旧地名、時代の移り変わりとともに使われなくなった民具・農具などについてまで詳細に記録されている。女性塾のメンバー自身が、島の高齢者300人から聞き取り調査を行い、原稿の執筆から図版の作成まで手がけたものだ。編集にあたっては、弓削小学校歌を作詞した童謡作曲家・本居長世の研究でたびたび来島して

---

[5] 公益財団法人日本離島センターの離島人材育成基金助成金事業の助成を受けて編集された。発行は弓削町。

いた、民俗誌編集にも詳しい松浦良代氏の指導を仰いでいる。

　調査を通して、徐々に女性塾の活動に対する島民の理解が広がって
いったという。取材を受けた高齢者自身は、熱心に耳を傾けてくれる女
性塾のメンバーとの会話を楽しみ、そうした高齢者の元気な様子をみた
家族からも喜ばれたのだ。刊行後の評価も後押しとなった。島内はもと
より島外の小中学校にも配付されたほか、民俗を伝える貴重な資料とし
て全国の図書館から多くの問い合わせが入った。島の景気が後退し、活気
が失われていたなかで、自分たちの島を自慢できる話が一つ増え、島民
を元気づけたのだった。これを機に、女性塾の活動、ひいては島の女性
たちが地域で活動をすることへの理解が進んだと村上さんは振り返る。

　この後も、ゆげ女性塾のメンバーは、島の文化や環境をテーマにした
活動を展開し、『弓削の海藻・磯の生物』（2002年）、『ゆげの摘み菜』
（2011年）などの書籍刊行につなげている。前者は、「いぎす豆腐」とい
う郷土料理を調べたことを契機に、素材である島の海藻について調査し
たものだ。小学校の総合学習を活用して、子どもたちを巻き込んで海藻
の採集が行われた。その取り組みが広島在住の研究家・田中博氏の目に
留まり、協力を得て文献にまとめた。また、海藻を押し花のようにする
「海藻押し葉」で葉書やしおりなどを制作し、土産品として販売するよ
うになった。

　並行して、島に自生する野草の調査も行い、これが摘み菜の文化が島
に根づく契機となった。後に、研究家である平谷けいこ氏を招聘し、そ
の指導のもと「摘み菜マイスター」の育成を図るなど、島内への浸透を
図り、しまで Café での摘み菜料理の提供にまでつなげている。

女性グループの集まりからなる「おいでんさいグループ」

　こうした女性塾の活動と並行する形で、町内ではさまざまな女性グ

海の駅 おいでんさい

ループが生まれ、活動するようになった。例えば、地域の素材を使った加工食品や小物づくりの活動をする佐島生活研究グループ、子育て支援の取り組みをするチューリップグループなどだ。

　これらを束ねる形で、2004年に発足したのが、「おいでんさいグループ」である。同グループは、上島町内で活動する16の女性グループの集合体であり、約200人が参加している。全体の旗振り役は村上さんが務めるが、個々の活動は各グループが自主的に行っている。

　島の中心部、弓削港の目の前にある商業施設「シーサイドモールゆげ」には、生協などのほか、同グループが運営する「海の駅 おいでんさい」が出店している。取り扱うのは、各グループのメンバーがつくった商品で、「摘み菜クッキー」「八朔マーマレード」「天日干しひじき」など手づくりの加工品やお惣菜、採れたての野菜や果物、土産品、手提

げ袋をはじめとする手芸品など多彩だ。なお、おいでんさいグループによるこれらの商品の一部は、株式会社しまの会社を通して島外の消費者にも通信販売を行っている。

店番は各グループが持ち回りで行っており、店番をすると、通常は売り上げの20％の出店手数料を10％に割り引く仕組みである。営業時間は、午前9時30分から午後3時までとしており、家庭をもつ女性たちが参加しやすく工夫されている。

さらに、おいでんさいグループは、ボランティア活動の担い手でもある。「ボランティアグループひまわり」の名前で相談を受け付け、高齢者には骨の折れる床の拭き掃除や家具の移動、墓掃除などを手伝ったり、独居高齢者の通院の付き添いをしたりしているのだ。

このように、造船不況やバブル崩壊を経て下り坂となった島の景気と逆行するような形で、島の女性たちが地域のなかでさまざまなグループを形成し、多様な活動を展開するようになってきた様子がうかがえる。それまで家庭の切り盛りに専念してきた女性も、地域のなかで活動する機会を増やした。また、個々のグループを束ねることで、組織力を増している点も見逃せない。

その組織力を活かして、ボランティア活動にも取り組むなど、活動の幅を広げている。次では、弓削島の製塩文化の再興への取り組みをみるが、ここでもやはり、島の女性たちが重要な役割を果たした。

製塩文化の地域資源化に取り組む「弓削の荘」

弓削島には、京都・東寺の荘園として製塩が盛んだった歴史があることは前述のとおりである。2000年代に入ってからは、愛媛大学法文学部考古学研究室の村上恭通教授らが製塩遺跡の発掘を行っており、製塩に用いられた古墳時代の土器などが出土していた。

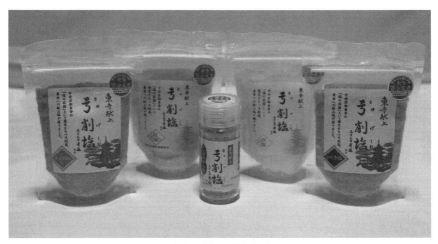

「東寺献上 弓削塩」

　これを資源として地域振興に生かそうと、おいでんさいグループのメンバーが主体となって、研究者らと共同で2007年に「弓削塩文化を伝える会」を発足させている。遺跡発掘の現場見学会や発掘作業体験、藻塩焼きといわれる古来の製法による塩づくり体験や土器づくり体験を楽しめるツアーを企画・開催するなどし、弓削島の製塩文化の島内外への発信に努めたのだ。

　2010年には、NPO法人弓削の荘（代表理事 村上律子）を設立し、その活動を継承しつつ、研究者らの技術指導のもと古来の製法でつくる天然塩の商品化に取り組みはじめた。

　商品化のめどがつくと、村上律子さんは京都・東寺の最高位僧侶である長者にコンタクトを取り、そのお墨付きを得て、東寺への塩の献上を復活させている。そして2011年に「東寺献上 弓削塩」として商品化。通常の白い塩のほか、島で採れる海藻をブレンドした「ひじき塩」「あまも塩」、広島県神石高原町産の梅を加えた「紅塩」と、4種類を揃え

た。このうち紅塩は、特産品づくりに力を入れる神石高原町と、互いの町の特産品をコラボレーションした商品開発に取り組むなかで生まれたものだ。

弓削塩は、しまでCafé など島内各所での販売、しまの会社による通信販売を行っているほか、島外の専門店などにも卸している。食品製造会社からの引き合いもあるが、課題は生産能力の拡充である。海水を煮詰めてつくる製塩には約２週間を要し、２トンの海水から採れるのは50キログラムほどである。

2015年10月、荘園時代の弓削島に関する多くの記述が残る国宝「東寺百合文書」が、ユネスコの世界記憶遺産の登録を受けた。そうした追い風もあるなか、弓削塩を島ブランドの逸品として大きく羽ばたかせるべく、新しい塩釜を導入するなど生産拡大に取り組んでいる。

Ｕターンで取り組む住みたくなる島づくり

ここまで、島の女性たちの取り組みを中心にみてきた。それは、自分たちが住む島に興味をもち、地域資源の魅力に気づき、外部の専門家の知恵も活用しながらその魅力を形にして、島内外に発信する取り組みだといえるのではないだろうか。

次にみるのは、島で生活するうえでの課題に取り組む人々の姿である。弓削島には、離島ならではの困りごとがあるようだ。

島の困りごとをビジネスで解決する「困ったことはなんですか」

2015年設立の株式会社困ったことはなんですか（通称 こまなん）は、社名のとおり地域住民の困りごとに耳を傾け、ビジネスでの解決を目指す企業である。代表取締役の白川誉さんは、愛媛県新居浜市の出身である。東芝で営業企画に携わった後、父の病をきっかけに帰郷し、松山市

事例7　愛媛県上島町

カラオケ喫茶「こまウタ」

でマーケティング会社を立ち上げた。その後、しまの会社の取り組みを知って上島町を訪れるようになり、島に通いながら地域課題の解決を目指す同社を新たに立ち上げた異色の人物だ。

　上島町の高齢化率は4割近い。白川さんが上島町に興味をもったのは、そうした状況を将来の日本の縮図ととらえ、そこでビジネスを成功させることに大きな可能性を感じたからだという。

　同社が仕掛ける事業のアイデアは、地域住民500人に「困ったことはなんですか」と尋ねたアンケート結果に基づいている。

　例えば島には、カラオケがなかった。アンケートでも「カラオケがほしい」という声が高齢者を中心に非常に多かったそうだ。島には娯楽が少なく、祭りなどでカラオケ大会が開かれると高齢者を中心に大変な人気を集めるが、従来は因島まで船で出かけなければ歌えなかったのである。

　そこで同社は、カラオケ喫茶「こまウタ」を開店した。空き家を改装してオープンすると、高齢者から学生まで、連日多くの島民が訪れるようになった。

　若者の声に応えた事業もある。島には町立の小中学校、県立の高等学校に加え、1901年に開学した国立弓削商船高等専門学校がある。学生た

ちの「ファストフードがほしい」という声に応えようと、弓削塩で味付け、岩城島のレモンをしぼった、鳥のから揚げの販売スタンドを運営するのが「こまカラ」事業だ。

そんな身近な「ない」を、ビジネスで解決することにはじまり、島にタクシーを走らそうと、島外の企業等と連携した「こまタク」事業なども模索している。白川さんは、地域のブランド化により"外貨"を稼ぐだけでは地域振興は完結しないと考える。島民にとって、ないことが当たり前のようになっていたもの。島外からやってきた白川さんは、そのいくつかを「ある」に変え、島内に眠っていた需要を掘り起こしている。

住み続けられる島をつくる「ふくふくの会」

離島の弓削島では、島外の総合病院に入院するためにやむにやまれず島を離れる高齢者もいる。そうした状況を改善したいと取り組んでいるのが、NPO法人ふくふくの会を営む竹林健二さんだ。

竹林さんは、学生時代を東京で過ごした後、Uターンで島に戻った。旧弓削町役場の福祉担当として9年間勤務するなかで、「迎えの家族が船に乗り遅れたので30分サービスを延長したい」「早朝対応をしてほしい」「今日は夕ご飯を手配してほしい」など、さまざまな要望を耳にした。なかには行政では対応が難しいものもある。そうした声にも柔軟に応えたいと考え、役場を離れて、どんなサービスがあれば喜ばれるか模索してきた。

竹林さんは独居高齢者宅への弁当宅配サービスなどを経て、2003年に合資会社を設立して通所介護施設をスタート。その後NPO法人を設立し、2010年からは小規模多機能型居宅介護サービス[6]を営んでいる。宿

6　利用者の選択に基づき、通所または施設への短期間宿泊、居宅への訪問により、日常生活上の世話や機能訓練を行うことをいう。

泊が必要な人、家族の付き添いで通所できる人、訪問してご飯を届けたり、ゴミ捨てを手伝ったりすれば普段は自宅で生活できる人。そうした個々の事情に合わせて、きめ細やかに島の高齢者の暮らしをサポートしている。

同社の介護施設は、島の中心部から車で５分ほどの海辺沿いにある。町村合併により廃園になるまで幼稚園だった建物を利用した施設だ。入所している高齢者の多くがここで育った懐かしい場所だ。

スタッフは12人おり、５～６人の交代制で運営している。地域住民、特に若者にとっては、生まれ育った島での貴重な就職先となっている。実際に島に残り、同社に就職したケースも生まれている。若者も高齢者も大好きな島で住み続けられる。竹林さんはそんな島づくりに日々取り組んでいる。

Ｉターン移住者による未来への種まき

最後に、島外からＩターンで弓削島に夫婦で移住し、「まるふ農園」を営んでいる藤巻光加さんの取り組みを紹介する。

山梨県出身で、東京のマーケティング会社に勤務していた藤巻さんが上島町に移住したきっかけは、島おこし協力隊[7]の募集に目を留めたことだ。2011年９月に来島し、2014年に３年の協力隊の任期が満了した後も、弓削島に居を構え、島での生活を続けている。

藤巻さんは協力隊として、町の人々の日常を切り取ったフリーペーパー「スモールストーリー」を制作・発信したり、定期開催のマーケット「かみじま てしごと市」を企画・開催したりと精力的に活動したが、ここでは任期後の取り組みをみていく。

7　総務省が2009年に制度化した地域おこし協力隊で、上島町では島おこし協力隊という呼称を用いている。

任期後の定住と、まるふ農園

島での生活の基盤を築くにあたっては、３年間の任期中に築いた島民との人間関係が鍵になったと藤巻さんは語る。藤巻さん夫婦は任期後の生業として農業を選んだが、家を借りるにも畑を借りるにも、顔がみえ、気心が知れた関係が欠かせなかったのだ。

町内に空き家や耕作放棄地は多い。しかし、仲介する不動産業者はなく、所有者が島外に出ていれば、連絡を取ることさえ難しい。他人に貸し出すよりも、空けたままにしておけば面倒がないと考える高齢者も少なくない。町でも空き家情報バンク制度を設けているが、登録件数は限られたものとなっている。

藤巻さん夫婦は、島で過ごすうちに親しくなった高齢者から、１反（約10アール）の耕作放棄地を借り受けて、まるふ農園をスタート。現在は弓削島や生名島、佐島にそれぞれ土地を借り、合計５反ほどの畑を営んでいる。

取り組んでいるのは、自然農をベースとした無農薬・無化学肥料・不耕起の草や虫を敵としない栽培方法で、種採りのできる固定種・在来種にこだわった伝統野菜づくりだ。例えば、病気に弱く、収量の少ない「相模半白きゅうり」や、旬の時期が短いが非常に美味な「みやま小かぶ」などだ。「まるふのおまかせ便」と名付け、旬の野菜の詰め合わせを個人向けに販売している。現状は、青年就農給付金[8]を受けながら生計を立て、徐々に収穫増に取り組んでいる段階だ。

また、居宅の一室を農家民宿「まるふのお宿」とし、農的暮らし（食や農を大切にする、土に触れる暮らし）や島暮らしに興味がある人のた

8　農林水産省が青年の就農意欲の喚起と就農後の定着を図るために交付する給付金。就農前の研修期間に給付する準備型（2年以内）と就農後5年以内に給付する経営開始型がある。

めの宿としたり、居宅の離れを改装し、自家農園の野菜の魅力を伝える農家レストラン「食堂まるふ農園」を開業したりするなど、夫婦で分担しながら「農」を柱にさまざまな事業を行っている。島への移住には、藤巻さん自身が体験したように、住居や仕事への不安などが付きまとう。そこで、観光客はもちろん、島への移住を検討する人に民宿を利用してもらい、島の暮らしを体験する機会を提供したり、自らの体験を語ったりする役割を果たそうというのだ。

若者を巻き込む取り組みと未来への種まき

Ⅰターンで町にやってきた藤巻さんは、島という枠にとらわれず上島町の未来に目を向けている。上島町は、弓削島などを含む比較的人口の多い上島諸島部と、その南東方向に位置する、魚島と高井神島の二つの有人島を含む魚島群島部からなる。魚島へは弓削島からフェリーで約50分、高井神島へは約30分ほどの距離があり、便数も日に4便と限られる。人口はそれぞれ200人、30人ほどと、過疎が進む島である。

藤巻さんはその高井神島で、「かわうそキャンプ」というプロジェクトを実行している。島民の半数以上が高齢者で、普段は子どもの声が響くことがない高井神島。上島町内の小中学生を募ってキャンプを行い、島を子どもたちが制作したアート作品で飾ったり、島民と一緒に夕食をつくって交流したりする。もともとは島おこし協力隊として始めたものだが、任期後の2015年は公益社団法人日本離島センターの助成を受けて取り組みを継続した。

プロジェクトの概要はこうだ。まず、町の高校生を募り、高井神島を訪れて、島に自生する野草を使った軽食など、高井神島ならではの特産品づくりに取り組む。弓削島で行われる海開きイベントなどでそれを販売し、売り上げを小学生たちのキャンプ資金の一部とするのである。

「かわうそキャンプ」の一コマ

キャンプで初めて高井神島を訪れる子どもたちも多いという。

　同じ町でも、訪れたことがない島、出会ったことがない人々を思い出すことはない。だが、楽しい思い出がある島なら自分たちの町のこととして考えてもらえる。藤巻さんは、プロジェクトが未来のまちづくりへの種まきになればと、多くの子どもたちを巻き込んで取り組んでいる。

＊　＊　＊

　村上律子さんに電話をすると「いま、こぶみかんの畑にいる」とのこと。その葉はタイ料理などでは定番の香辛料で、カレーなどに入れるローリエの代わりに使える。耕作放棄地を活用して栽培し、島の特産に育てられないかと奮闘中で、このほど、弓削塩の新たな味のレパートリーとして「こぶみかん塩」が完成したという。これまで多くの地域振興の種をまいてきた村上さんは、いまも変わらず地域のために種をまき続けているのだ。

事例7　愛媛県上島町 | *201*

　地域には藤巻さんのように、独自の考えで地域の未来に向けて種をまきはじめた若い人材も現れている。そうした取り組みがこれからも続いていく。それが地域の未来につながるのだ。

（渡辺 綱介）

事例8

大学の誘致で
地場産業振興を目指す
～愛媛県四国中央市～

紙のまち四国中央市

　四国中央市は、愛媛県の東の端にある人口8万7,467人（国勢調査2015年速報値）のまちである。高速道路で四国4県の県庁所在地にそれぞれ1時間ほどでアクセスできる、文字どおり四国の中央に位置する。2004年に川之江市、伊予三島市、土居町、新宮村が合併して誕生した同市は、日本一の紙のまちとしても知られる。海岸線には大手製紙メーカーの工場が建ち並び、市内には中小の製紙・紙加工工場が集積している。新聞雑誌用紙、ティシュペーパーやトイレットペーパーなど生活用紙、紙フィルターや抗菌包装用紙など特殊紙、さらには紙おむつや生理用品など、さまざまな紙製品や製紙技術を基にした関連製品がつくられる。書道用紙、ふすま紙、水引といった伝統的な紙製品を製造する中小企業もある。愛媛県紙パルプ工業会の森川隆専務理事によれば、市内で調達できない紙製品は「お札」と「切手」くらいだといっても過言ではないという。それほど、多様な紙製品がつくられているということだ。

　同工業会は、製紙を行う正会員34社と紙関連産業の賛助会員38社で構成されているが、正会員1社を除き、すべて四国中央市に集中している。組合に入っていない小さなメーカーを含めると、製紙と紙関連の事業所は合計で300件以上、出荷額は約5,000億円に達する。

　この地域では、背後の四国山地で和紙の原料となるコウゾやミツマタが採れ、平地が少なく農業に適さないことから、江戸時代に伝わった手すき和紙に活路を求めざるを得なかった。明治以降は機械の導入により、機械すき和紙や洋紙の生産が増え、大消費地の関西地方への海運の便利さもあって、紙の一大産地と成長していった。そして2004年の合併によって、全国一の紙製品出荷額を誇るようになったのである。

　ただ、近年紙製品の出荷額はむしろ減少傾向にある。少子化による文

具用紙の需要低迷に加え、新聞雑誌の販売量が減って出荷額の大きい新聞雑誌用紙の出荷が減っていること、海外の安い用紙の輸入が増えていることなどがその背景にあった。そのため「大手中小を問わず、各社とも既存製品以外の新しい分野に進出しなければ生き残れないという危機感が高まっていた」と工業会の森川専務理事は言う。対応策として工業会は、次の世代を担う人材の育成に力を入れてきた。2006年には中堅技術者養成のための中核人材育成研修を開始した。大学教授や実務家による講義は、9カ月で約160時間に及ぶ。2009年には30時間程度の紙産業初任者養成講座もスタートしている。

紙の大学院を誘致

　そうした状況のなか、2010年、四国中央市に愛媛大学大学院の農学研究科紙産業特別コース（現・生物環境学専攻バイオマス資源学コース）が開設された。製紙技術や製紙材料論など技術面だけではなく、紙産業マネジメント論や戦略的マーケティング論など経営面の講座も取り入れているのが、大きな特長だ。「紙のまち」に立地するという利点を活かし、現場密着型教育による課題発見解決型人材の育成を目標としている。この大学院の開設をきっかけに、愛媛大学と地元企業とのさまざまな連携が、それまで以上に図られることとなった。もともと大学や短大のなかった同市にとっては、念願の高等教育機関でもある。教員も学生も、大学本部のある松山市から通ってくるのではなく、四国中央市に常駐する。修士課程のため、学生は2年間四国中央市で学ぶことになる。小さいものの大学のキャンパスがやってきたといってもよい。2014年には愛媛大学紙産業イノベーションセンターが設置され、さらに研究機能と地域連携が強化された。四国中央市役所産業支援課の石川元英課長補佐によれば、大学院の紙専門コースは全国初であり地場産業に関する大

学院が大学本部以外の場所に開設されたことも全国的にそれほど多くないのではないかという。このような大学院が四国中央市にやってきたのは、大学の地域連携戦略にくわえ、地元に強い熱意のあったことによるものだった。

最初はうまくいかなかった大学との連携

愛媛大学は、四国中央市が成立した同じ2004年に国立大学法人となった。それによって大学の独自性を強く出していく必要が出てきていた。そこで考えられたのが、地方大学として愛媛県内の地場産業との連携を強化しようという戦略であった。愛媛大学は愛媛県庁のある松山市に本部を置き、医学部が東温市にある以外は、ほとんどの学部や施設が松山市に集中していた。そこで、県内の他地域との連携を強化しようと、松山市以外にも拠点を置くことになり、候補の一つとして四国中央市に打診があったのである。

大学からの働きかけは、市にとって願ってもないものだった。紙関連産業の活性化には、技術研究が欠かせず、大学との連携はそのための強力な手段になると考えたからである。協議の結果、2006年２月に市と大学の連携協定が結ばれ、同年４月、四国中央市役所内に愛媛大学サテライトオフィスが置かれることとなった。サテライトオフィスには常駐の職員はいなかったが、大学の社会連携推進機構の技術コーディネータが時々訪れ、産学連携の可能性を探っていた。しかし、残念ながら地元企業からの研究協力の依頼は、当初まったくなかったのである。

地元経営者の声がきっかけで大学誘致を推進

せっかく大学のサテライトオフィスができたのに、このままでは宝の持ち腐れになる。そこで動いたのが、愛媛大学の小松正幸学長（当

時）だった。「こういう時は、膝を詰めて話をするのが一番よい。市内の主要な企業経営者に集まってもらって、意見交換会を開催したい」と市役所に持ちかけた。

経営者の参加を募る素地はすでにあった。2006年5月からスタートした経営者懇談会である。毎月の会合には地元企業の経営者や技術者、商工会議所や市役所の職員など、毎回20～30人が参加し、人材育成、情報収集、販路開拓などさまざまな課題について話し合っていた。2004年に四国中央市が成立した直後で、ちょうど川之江商工会議所と伊予三島商工会議所が2008年4月の合併に向けて協議を進めていた時期でもあり、市としての一体感の醸成にも繋がったという。四国中央商工会議所の篠原正博専務理事（2016年2月取材当時）は、「懇談会という位置づけで、忌憚のない意見をぶつけ合ったことも、良かったのではないか」と振り返る。

そこで培ったネットワークにより、約20社が参加して2008年1月に開催された意見交換会の席で、地元経営者が発した「愛媛大学が本気で四国中央市との連携を考えているなら、紙の専門コースをつくってほしい」という言葉に小松学長の心は動いた。そこから、大学、市役所、商工会議所などの担当者による事業の詳細な検討が始まった。やがて、全市をあげて誘致に取り組もうとの方向性が、市役所、各団体、地元企業の間で固まっていき、2008年7月には、市役所、商工会議所から正式な要請文書が大学に提出された。

その結果、同年9月には経済産業省の産業人材育成パートナーシップ事業として補助金が得られることが決まり、大学院設置が正式に発表された。愛媛大学では具体的なカリキュラムの検討に入った。

当時の市役所の担当者で、現在は愛媛大学紙産業イノベーションセンターに地域連携・研究支援室長として派遣されている宮﨑修氏は「これ

だけの紙産業が集積しているのだから、紙大学があったらいいのにという漠然とした声は昔からあったが、本当に実現するとは思っていなかった」と振り返る。

県の協力で立地問題が解決

ただ、大学を四国中央市に誘致するには、大きな問題が一つ残っていた。立地の問題である。大学を誘致するには入居するための建物が必要になるが、市所有の適当な建物はなかった。

そこで目をつけたのが、愛媛県産業技術研究所紙産業技術センターだった。同センターは1940年に設立された愛媛県工業試験場川之江分場が前身で、2003年に高速道路インターチェンジ近くの現在地に移転、2008年に現在の名称となった。全国的にも珍しい紙関連産業専門の公的な試験場で、大型のテスト抄紙機や電子顕微鏡をはじめとする、紙の研究に必要な試験設備が数多くそろっており、研究員も常駐している。紙

大学が入居する県の施設（中央の建物）

関連の研究書も数多く取りそろえられている。市内企業の利用が多く、このセンター内に大学を誘致できれば、非常に便利であると考えられた。

施設に余裕があったこともあり、市と大学からの申し入れを受けて、愛媛県としても地場産業振興のために県の施設を有効活用できると、施設内のレイアウトを変更し、一部に大学の研究室と教室を設置する方針が決まった。県の担当者の尽力によって施設を大学に無償で貸すための事務的な課題もクリアした。そして、2010年4月、いよいよ大学院が開設され、授業がスタートしたのである。

地元企業の協力で実践的な授業を実施

大学院の授業には、地元企業がさまざまな協力を行っている。学生は地元を中心に企業の工場を年にのべ10回以上見学する。見学といっても短時間のものではなく半日単位で行い、それぞれの工場の隅々まで見て回る。機械設備を間近にみることも多い。「高速抄紙機で紙が流れる速度は時速100キロメートルを超える。そうした機械の音、温度、水しぶきなど、座学では分からない現場の様子を実感できることは、学生にとって貴重な経験となる」と、国立印刷局で長く紙幣開発の研究に携わり、大学院開設と同時に愛媛大学教授として着任した内村浩美紙産業イノベーションセンター長は言う。2年生は、1年生の時に行った工場をもう一度訪問する。現場の経営、工程管理、運営などについて、1年間の教育によって見るところや気づくところも変わり、さらに学習効果が高まるという。

製造実習にも地元企業が協力している。例えば、2011年度の実習テーマは、「現在愛媛大学で使っている封筒を同等以上の品質で試作開発する」というものだった。学生は封筒の素材や加工方法を分析し、原材料を調合して紙を抄く。それに続く印刷と封筒への加工の工程は、地元企

業に発注して行っている。学生は30分間のプレゼンテーションで仕様を説明し、企業側からの質問を受ける。実際に社会に出たときに行うことになる実務に近い訓練となっている。

さらに、大学院の講義にも、地元企業の技術者がゲスト講師として協力している。学生にとっては、現役の技術者の生の声を聞く、良い機会となっている。

産官学連携で進む共同研究

大学と地元企業、愛媛県産業技術研究所紙産業技術センター等の公設試験場との連携も進んでいる。東京や大阪など県外の企業や研究施設との連携実績もあるが、開発された素材は四国中央市で製造されることになる公算が高いということなので、最終的には地元企業のメリットにつながりそうだ。

「これまでも市内の企業と各地の大学との共同研究は行われていたが、やはり大学が近くに来たことのメリットは大きい」と、丸住製紙株式会社（四国中央市川之江町、新聞・出版・印刷用紙等の製造、従業者数715人）の執行役員研究開発部長である堀江大介氏は語る。

紙産業イノベーションセンターの内村教授らは、毎年多くの研究会や講演会を大学や市内の他の場所で開催している。自らの研究を発表するだけではなく、これまで培ったネットワークで、各地から大学や企業の研究者を招き、最新の情報を提供しているのである。

同社では、共同研究による新製品の開発にも取り組んでいる。大学院が開設された翌年の2011年、堀江氏は製紙スラッジの有効利用について内村教授に相談した。紙を製造すると製紙カス、いわゆる製紙スラッジが出る。同社では、工場内でボイラー燃料として活用しているが、それでも焼却灰が毎日約150トン出る。セメント原料や土壌改良剤として再

利用されるものの、運搬にコストがかかるうえ、処理費用を支払わなければならない。この製紙スラッジ焼却灰を、資源として有効活用できないかと共同研究をスタートしたのである。

研究で得られた知見の一つを活用し開発されたのが、駐車場や歩道などに敷くインターロッキングブロックである。試験の結果、ある処理を施せば、材料となるセメントの3分の1をスラッジ灰で置き換えても、十分に強度が保たれることが分かった。2014年にできあがった試作品は、露天暴露試験を行いながら耐久性を調べているが、2年経過しても強度劣化は起きていない。2015年12月には、初の実用化として、市役所の駐車場に採用された。スラッジ灰はもともと捨てるものなので、ブロックメーカーにもメリットがある。製紙会社も廃棄にかかるコストを低減できる。今後も研究を続け、製紙スラッジ焼却灰を有効に使える用途を開発していくことで産業廃棄物の削減につなげたいとのことである。

実はこの共同研究を担当したのは、大学院の三期生として同社から派遣した研究者である。この社員は現在も共同研究員として大学で研究を続けている。毎朝、同社に出勤して研究の打ち合わせを行い、その後に大学に向かう。会社から大学までは、車で10分ほどである。もし松山市にある大学農学部まで通うとなると、片道1時間半ほどかかる。大学が市内にできたからこそ、このような研究体制が取れるのだ。

同社は、このほかにも1人、大学院に社員を派遣している。地元紙関連産業を担うエンジニア育成に、大学が大きく貢献しているのだ。

大学が愛媛県の紙産業技術センターの施設に入居できたことは、予想どおり大きなメリットがあった。大学は研究費でそろえるのが難しい高価な測定器やテスト抄紙機など、愛媛県が所有する試験機器を利用することができる。同センターの青野洋一センター長によれば、2015年度に大学は県の施設を954件、のべ5,768時間利用している。産学官連携に取

県の多目的テスト抄紙機の説明を受ける学生

り組んでいるメリットが活かされた結果であろう。

　学生や教員は、9人いる研究員に研究内容について相談することもできる。テスト抄紙機など専門的な操作が必要で、本来学生だけでは操作できない機器であっても、研究員のサポートによって使用することが可能となるので、非常に効率よく研究をすることができるのだ。県の協力によって、使用料が減免（無料）となっていることも、大学にとって経済的に大きな助けとなっている。

紙産業を支える人材育成に期待

　大学と地域の連携は、新たな段階に進もうとしている。2016年4月、愛媛大学に新設された社会共創学部に、紙産業コースが設置された。学科の定員は25人で、紙産業コースのほかに海洋生産科学コース、ものづ

くりコースの3コースがある。紙産業コースの学生は2年生まで松山市内のキャンパスで学んだ後、3年生から四国中央市で講義を受け、研究を行うことになる。

　大学では、地域の子どもたちに地元の紙産業についてもっと知ってもらおうと、内村教授が中心となって、地元の中学校や高校で、紙に関する講義を行っている。ある中学校では「おもしろい紙を発明しよう」をテーマに、さまざまな紙のアイデアを生徒に考えてもらった。そのうえで、例えば「水に濡れても破れない紙」「燃えにくい紙」「伸びる紙」など、その多くが実際に存在していることを教える。地元産業である製紙に興味を持つ生徒が増えてほしいとの願いからだ。

　新学部の設置に、地元企業の期待感も高まっている。「優秀な学生の採用は、企業にとって重要な課題だ。大学院だけではなく学部コースも四国中央市に設置したことで、地元企業に就職して幹部候補生となる学生を、さらに数多く育成してほしい」と、イトマン株式会社（四国中央市金生町下分、トイレットペーパー・ティシュペーパーなど家庭紙の製造、従業者数155人）で総務・人事課長を務める津留健二氏は語る。2015年には「愛媛大学公開講座 in 四国中央市」のイベントとして、本

地元高校生に講義をする内村教授

学から来た学生の工場見学を受けいれた。今後は、地元の大学院農学研究科バイオマス資源学コースと社会共創学部紙産業コースとの連携を、さらに深めていきたいという。

少子化が進む中で、新たな大学が設立されるケースは減ってきている。大規模なキャンパスを誘致することは現実にはむずかしいだろう。四国中央市は、地元の産業に関連した分野に絞って、愛媛大学の大学院、紙産業イノベーションセンター、さらには社会共創学部紙産業コースの誘致に成功した。熱意を持って大学を招いた地元自治体、団体、企業関係者と、それに応えた大学、施設提供を始めとして大きなサポートを行った県、それぞれの協力があってのことである。誘致が実現したら終わりということではなく、大学と地元企業との連携は、いっそう深まりつつあるようだ。愛媛大学の四国中央市進出は、教員数や学生数でみれば非常に小規模ではあるものの、地元企業や地域経済に、これからも大いに貢献するに違いない。

（深沼　光）

事例9

地域資源の活用を先導する第三セクター
～高知県土佐清水市～

地域経済を振興するといっても、一つの取り組みでできることにはかぎりがある。経済規模の小さな村レベルであればまだしも、市レベルの経済規模になると、一つの取り組みで地域経済にインパクトを及ぼすのは困難だ。ある取り組みが引き金となって、新しい取り組みを担う人が次々に現れることが必要ではないだろうか。

　高知県土佐清水市における「引き金」は、消費者向けに水産加工品を開発・製造する土佐食株式会社である。土佐清水市が7割近くを出資する第三セクターとして1993年に設立された。従業者数12人、年間売り上げ約2,900万円でスタート[1]した同社は、現在195人の従業員を抱え、16億7,000万円の売り上げをあげるまでになっている。また近年は、同社のように消費者向けの水産加工品を製造する企業が生まれるなど、さまざまな成果をもたらしている。

　第三セクターが成功することは少ないといわれている。同社は数少ない例外である。同社の成長の過程を追跡し、どのような取り組みがその後に続いたのかをみていこう。

商工会議所主導の事業からスタート

　土佐清水市は四国の最南端に位置する人口1万3,780人（国勢調査2015年速報値）のまちである。高知空港から車で3時間程度かかり、東京からの時間距離が一番遠い市といわれることもある。基幹産業は水産業。ソウダガツオ（別名メヂカ）や足摺岬沖で一本釣りされるゴマさば（ブランド名「清水さば」）が有名である。

　土佐食が生まれるきっかけは、1989年8月に土佐清水商工会議所が中心となって地域活性化推進協議会を発足させたことにさかのぼる。地域

1　「広報とさしみず　№415」（2008年5月）

資源調査事業費[2]を用いて特産品の開発を検討する組織である。会長には
商工会議所の副会頭（当時）だった平林靖宏氏[3]が就任した。協議会には
水産部会、農林部会、観光商工部会の3部会が設けられ、水産部会には
土佐清水市水産課、三崎漁業協同組合（当時）、土佐清水鰹節水産加工
業協同組合、高知県工業試験場（当時）などがメンバーとして参加した。

　水産部会が着目したのはソウダガツオである。宗田節にすると力強く
コクのある味がすることから、麺類のだしとして使われている。宗田節
は生産量日本一を誇る土佐清水市の特産品で、市内には20社前後の加工
業者が操業している。

　協議会が発足した当時、ソウダガツオは年間に1万トン以上水揚げさ
れていた。ソウダガツオは鮮度が落ちやすいため鮮魚としての流通はほ
とんどなく、大半が宗田節に加工されていた。しかし、5〜6月に漁獲
される産卵期前のソウダガツオには脂肪が多く、宗田節には適していな
い。このため豊漁時になると魚価は1キログラムあたり10〜20円くらい
に下落し、漁獲規制されることもあった。そこで、脂がのったソウダガ
ツオを原料に宗田節以外の加工品を開発することで、ソウダガツオの付
加価値を高めるとともに魚価を下支えしようとしたのである。

強力なリーダーシップから生まれた第三セクター

　部会ではソウダガツオを生節にしたものやフレーク状にしたものな
ど、いくつかの製品を試作した。後に「姫かつお」と名付けられる製品

2　商工会議所等が経営改善普及事業の一環として、地区内の産業振興のために行う地域
　資源調査事業費の一部を、都道府県を通じて国が補助するものである。
3　1938年生まれ。1978年8月から2002年8月まで土佐清水市会議員を連続6期務めたほ
　か、土佐清水商工会議所副会頭、三崎漁業協同組合（当時）の組合長、土佐清水市観
　光協会会長など、さまざまな公職を務めた。2008年2月に逝去。同氏に関する記述
　は、同氏の子息にあたる平林大昌さん（土佐食株式会社代表取締役社長）、地域活性化
　推進協議会に経営指導員（当時）として参加した藪清春さん（土佐清水商工会議所前
　事務局長）からの聞き取りによる。

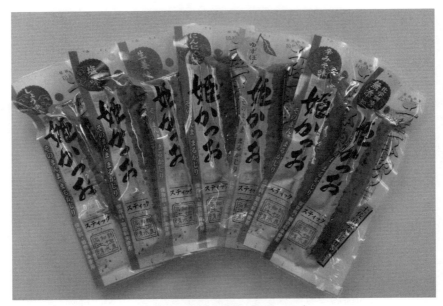

土佐食のヒット商品「姫かつお」

もそのなかにあった。これは、茹でたソウダガツオの骨を抜き、醤油味やショウガ味などのタレに漬け、焼いて成形したものである。ほどよい大きさのスティック状なので食べやすく、お酒のつまみなどに最適である。

協議会に参加していた商工会議所の藪清春経営指導員（当時）は、①脂がのったソウダガツオを用いており味わい深いこと、②地元で水揚げされた原魚を鮮度が高いうちに加工していること、③食べやすい形状であることから、姫かつおはヒット商品になると感じたという。おそらく平林氏も同様に感じたのだろう。その後もさまざまな補助事業制度[4]を用いて、パッケージデザインやネーミング、販路開拓など、商品化を

4　1990年度に地域小規模事業活性化推進事業費、1991年度に地域特産品広域化推進事業（市の制度）、1992年度に地域小規模企業販路開拓支援事業を利用した。

進めていく。

1991年度には高知県地場産業大賞産業賞を受賞。1992年には県内外の物産展などに出展し、平林氏自身が横浜のデパートに商談に出向くこともあったという。こうした動きと並行して、1990年には組合長を務める三崎漁業協同組合（当時）の加工部で姫かつおの製造を始め、1992年には土佐食の前身となる姫かつお生産組合を任意団体として立ち上げた。

まだ生産量は少なかったが、つくればそこそこ売れることから手応えを感じた平林氏は、本格的に生産することを決意した。土佐清水市（5,000万円）や地元金融機関3行（合計1,000万円）などから出資を得て、1993年8月に土佐食株式会社を設立し、社長に就任した。

だが、当初は販路開拓に苦労したようだ。例えば、1996年の市議会3月定例会において土佐食の経営状況に関する質問を受けた市の執行部は「1995年度は約1,000万円の赤字を見込み、累積赤字は約2,800万円になる」と答弁している[5]。大株主である市に対して言った、「ワシがちゃんとやる、責任は取る」という言葉どおり、平林氏は自ら営業活動に奔走した。「父は日帰りで東京に何度も出向いたこともあります」と、子息の平林大昌さんは当時を振り返る。

やがて、営業努力の結果、姫かつおは高知県内の大手スーパーや土産物店などでよくみられる商品になった。1996年度に黒字転換、1997年度には累積赤字を解消した。

ヒット商品によって急拡大した業績

2000年、土佐食が飛躍を遂げる原動力となった商品が登場した。ペットの猫のおやつ、「焼かつお」である。

2000年9月に「CIAO 焼かつお」として売り出されると、愛猫家の間

5　高知新聞2008年3月27日朝刊。

で評判になり、土佐食の売り上げは急拡大した。その結果、2002年3月期に初めて配当を実施、市への配当は500万円だった。その後、2003年3月期から2012年3月期までは毎年1,000万円、2013年3月期には500万円と配当を行い、累計では1億1,000万円と出資金の倍以上にのぼる。

　焼かつおのヒットにより生産能力が不足してきたことから、土佐食は2005年には第2工場、2009年には第3工場を立ち上げた。それでも製造ラインはフル稼働だという。現在の売り上げは17億円近くに達する（図3－9－1）。その9割以上が焼かつおによるものである。

　なお、2008年2月に創業者である平林氏は逝去した。後を継いで社長に就任したのは、高知県工業技術センターで長年、水産加工技術を研究していた野村明[6]さんである。実は、野村さんは地域活性化推進協議会に高知県工業試験場（当時）からメンバーとして参加していた。姫かつおの開発に当初から関与し、その後も高知県工業技術センターの研究者として土佐食の製品開発にアドバイスなどを行っていた。土佐食の社長に就任した後も、同社の製品開発の重要な担い手である。それだけでなく、後述するように、地元の企業が地域産品を用いた製品を開発する際にアドバイスするなど、後進の育成にも熱心であるという。

もう一つの第三セクター

　2008年には市にもう一つの第三セクターが設立された。株式会社土佐清水元気プロジェクト（以下「元気PRO」）だ。その設立の目的は三つあげられる。第1は、地元の一次産品を用いた製品の開発・販売である。ソウダガツオだけでなく、清水さば、小夏など、地域の農水産物を広く利用し、「姫かつお」に続く消費者向けの特産品を開発する。第2は規格外で系統出荷できない野菜などの農産品や、量がそろわず安値で

6　現在は代表取締役会長である。

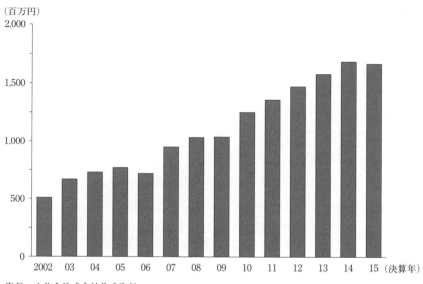

図3-9-1 土佐食株式会社の年間売り上げ

資料:土佐食株式会社作成資料

取引される魚などを業務用食材として加工し、病院などの地元施設や飲食店などに販売することだ。そして第3は雇用の創出である。

　資本金は6,000万円。土佐清水市（3,100万円）のほかに、土佐食や土佐清水商工会議所、高知県漁業協同組合、高知はた農業協同組合などが出資した。「土佐食という成功事例があったので、当社は円滑に立ち上げることができました」と、元気PROの横山音英社長は語る[7]。

　企業の立ち上げは円滑だったが、製品開発は手探りの状態から始まった。清水さばを使った竜田揚げやカレー、コロッケ、小夏果汁100％のアイスキャンデーなど、さまざまな製品を開発した。このときアドバイスしたのが、元気PROの社外取締役を務める土佐食の野村社長（当時。以下同じ）だった。

7　土佐清水市の関係者に対する聞き取り調査でも同様の発言を得た。

なかには、清水さばのカレーのように素材に手を加えすぎたため土佐清水らしさが薄れ、売れ行きが伸びなかったものもあった。しかしやがて、元気PROはヒット商品を抱えるようになった。

一つは、漁師めしを商品化した「土佐の清水さば　漁師漬け」だ。サバの刺身に甘辛いタレを合わせた漬け丼のセットである。伝統の立縄漁で1尾ずつていねいに釣り上げられた清水さばが加工場に届くと、6時間以内に水洗いして刺身にし、タレと合わせて凍結する。冷凍魚を解凍後に加工して再冷凍する「2フリーズ」に対し、地元ならではの「1フリーズ」であることから、生食のような食感だ。

2009年に業務用として販売したところ、高速道路のサービスエリアや空港のレストランなどで採用された。そこで2010年には家庭用の販売を始めた。そして2013年には、日本経済新聞「何でもランキング　海の幸取り寄せ　丼で舌鼓」[8]で1位を獲得、また高知県が主催する「高知家のいい物おいしい物発見コンクール」の加工食品部門で大賞を獲得した。すると全国から注文が殺到したという。いまではリピートオーダーも少なくない。

もう一つのヒット商品は、2012年に開発した「宗田だし小夏ノンオイルドレッシング」である。味わい深い宗田節のだしに、小夏の果汁をブレンドしたドレッシングで、さわやかな酸味が口に心地よい。当初は県内スーパーを中心とする販売だったが、2015年にスーパーマーケットトレードショーの「スーパーマーケットで買いたい！30選」に選ばれたのを機に、大手スーパーの棚にも並ぶようになった。

元気PROの従業員は20人（ほかに役員3人）。土佐食の業績にはまだ及ばないが、ソウダガツオ以外にも地域産品の可能性を広げたことを評価すべきだろう。

8　日本経済新聞2013年6月22日NIKKEIプラス1。

土佐清水元気プロジェクトの商品

民間企業への波及

　土佐食の成功はもう一つの第三セクターを生み出しただけではない。地元の宗田節加工業者にも新たな取り組みがみられるようになってきた。

　従来、宗田節加工業者は飲食店向けなど業務用の宗田節を生産し、問屋に納入するところがほとんどだった。しかし、10年ほど前から一般消費者向けの商品を開発する加工業者が増えてきた。市の関係者は、「土佐食の成功によって、一般消費者を対象にした商品に目を向けるようになった」とその要因を分析する。

　例えば、ソウダガツオの生節や卵ご飯専用の削り節を開発する業者やふりかける宗田節を開発する業者、揚げせんべいを開発する業者などが

現れている。また、ほとんど使われることのなかったサメの魚肉を燻製にしてドッグフードを開発した業者もあるという。これらは間接的にしろ土佐食の成功に触発された取り組みだといえるだろう。なかには、直接、土佐食の野村社長から製品開発時に支援を受けた業者もいる。

2011年には、土佐清水市や土佐清水鰹節水産加工業協同組合、元気PRO、商工会議所などをメンバーとする「宗田節をもっと知ってもらいたい委員会」が結成された。同委員会は「宗田節新聞」を発行したり、ゆるキャラ「ぶっしー君」を作成したりするなど、宗田節の広報や販売促進に力を入れている。

ウェルカムジョン万カンパニーの参入

新たな動きは、既存の宗田節加工業者だけではなく、新しく生まれた企業にもみられた。田中慎太郎さんが創業した株式会社ウェルカムジョン万カンパニーがそれである。

同社は「ウェルカムジョン万の会」を母体として生まれた。「ジョン万」とは、郷土の偉人、ジョン万次郎である。「ウェルカムジョン万の会」はその功績を広め、精神を受け継いで国際交流を深めることを目的とするグループである。田中社長の母親が代表を務めている。

2010年にNHKで大河ドラマ「龍馬伝」が放映されることから、それに連動してジョン万次郎にちなんだ物産をつくれないかと、地元の観光関係者から同会に対して打診があった。そのときにつくった物産の一つが、「だしが良くでる宗田節」である。これは、宗田節をほどよい大きさに成形し、小骨などをていねいに除去して表面をなめらかに削ったものを、醤油用の容器に入れたものだ。お好みの醤油を入れれば、宗田節の味わい深いだし醤油ができあがる。醤油をつぎ足せば、1年くらいはだしが味わえる。昔から、宗田節加工場で働く人たちは出荷できない折

れた節などを醤油ビンに入れてだし醤油をつくっていた。それを手軽に再現できるようにしたのである。200ミリリットル容器に宗田節が3〜4本入って、952円（本体価格）。観光客などの反応がよかったことから本格化することになり、息子である田中社長が引き継ぐことにした。田中社長の妻、綾さんの実家が宗田節加工場を経営しており、いろいろ教えてもらえるのは好都合だった。また、宗田節を多くの人に知ってもらいたいという思いも強かった。そこで、2010年7月、ウェルカムジョン万カンパニーを創業したのである[9]。

　田中社長は、「だしが良くでる宗田節」は実際に手にとって使ってもらわなければその良さは伝わりにくいと考え、土産物店だけでなく、地元の飲食店や観光ホテルの朝食会場などに置いてもらった。すると、その評判が次第に広がり、2011年度には高知県産業振興センターが主催する高知県地場産業大賞奨励賞を受賞した。2013年には「朝だ！生です旅サラダ」というテレビ番組で紹介されたことで一気に売れ、注文をこなすのに3カ月はかかったという。

　このように注文してきた顧客のなかには、贈答用、あるいは1年後に自家用にとリピートオーダーする人も少なくない。現在は年間7万本程度販売しており、その3割が県外、2割がインターネット通販による。

　その後同社は、「だしが良くでる宗田節」の加工過程で削りだした宗田節をきめ細かな粉末にした「だしパウダー」やだしパウダーに調味料を加えた「だし塩」、生地にパウダーを練り込んだおかき「宗田節おかき」[10]など、次々に宗田節を用いた新商品を開発している。なお、同社もやは

9　法人設立は2014年。
10　宗田節おかきは、2015年に高知県が主催する「高知家　土産物コンクール2015」の加工食品部門で大賞を受賞。さらに2016年には、ふるさと名品オブ・ザ・イヤー実行委員会が主催する「ふるさと名品オブ・ザ・イヤー」の「自治体が勧める地域の逸品（まちの逸品）」部門の部門賞を受賞。

ウェルカムジョン万カンパニーの「だしが良くでる宗田節」

り土佐食の野村社長から、技術的なアドバイスを受けたり、高知県工業技術センターを紹介してもらったりした。

　ヒット商品が生まれると後発商品が追随するのは避けられない。「だしが良くでる宗田節」も同様だ。近隣の地域を含めて、10社くらいが同様の商品を売り出している。同社にとって望ましいことではない。しかし、田中社長は「宗田節が全国に広まっていくのだから、かまわない。安売りをせず、商品の価値を高めるように協力していきたい」と語る。

土佐食が地元にもたらした成果

　土佐食の設立から20年以上経過した。この間、土佐食は地域経済にどのような成果をもたらしたのだろうか。

　第1は、宗田節以外にソウダガツオの用途を開発し、豊漁時に大きく下落することのあった魚価を下支えしたことだ。5〜6月に水揚げされ

るソウダガツオは宗田節として利用しにくいことから、1キログラムあたり10〜20円程度で取引されていた。しかし土佐食は最低でも50円程度で買い取ることにした。ただ、魚価についてはここ数年、様相に変化がみられる。この点については最後に述べる。

第2は雇用の創出だ。土佐清水市は、不利な立地ゆえに大企業の工場などを誘致するのは困難である。土佐食が生み出した200人近い雇用は、労働力人口が7,000人程度の土佐清水市にとって無視できない大きさだ。

第3は、税収や配当金によって土佐清水市の財政に貢献したことだ。先に述べたように、市への配当金は1億1,000万円にのぼり、一般財源に繰り入れられている。配当金の原資は税引後利益なので、納税額も相応の大きさだろう。

第4は、新しい取り組みを担う企業が生まれる引き金になったことだ。元気PROやウェルカムジョン万カンパニーが新たに生まれた。また、既存の宗田節加工業者が一般消費者向けの商品を開発するようになった。そのきっかけの一つは、土佐食の成功にあるだろう。

またすでにみたように、これらの製品開発に土佐食の野村社長がアドバイスすることが多いという。

新たな地域問題の解決に向かって

ソウダガツオの価格を下支えすることを大きな目的として土佐食は設立されたが、2011年ころから様相が変わってきた。ソウダガツオの漁獲量が減少し、魚価が上昇しているのだ。2014年度の漁獲量は4,387トンと、ピークの1991年度の3割程度にまで減少した。このため、最近は1キログラムあたり150円程度に高騰している。

漁獲量が減少している背景には、漁師が高齢化し減少していること、

サンゴの海外需要が急増し価格が高騰していることからサンゴ漁にシフトする漁師が多いこと、の二つが大きいという。これはソウダガツオの漁獲量だけではなく、市の基幹産業に関わる問題だ。

　こうした問題に対応するため、市は持ち株会社土佐清水ホールディングスを2016年1月に設立し、土佐食と元気PROの2社を傘下に収めた。そうすることで、原魚の調達部門を一本化し、地域外からの仕入れを含め効率的に行うのである。営業活動も同様だ。また元気PROには漁師の育成という新たな役割が与えられた。漁師を目指す若者を元気PROが雇用して育成する「雇用型漁業」を展開するのである。漁に出ないときには加工場に勤めることで、通年雇用を実現する。

　ソウダガツオなどの漁獲量が減少しているからこそ、加工製品の付加価値をよりいっそう高める必要がある。だとすれば、土佐食やその後に続く企業が、いままで以上に重要な役割を果たすだろう。そのうえで、再編された土佐食と元気PROは新たな地域問題の解決にも大きな役割を果たすはずだ。

（村上　義昭）

資料編

「地域経済の振興に取り組む中小企業に関するアンケート」の個票データについては、東京大学社会科学研究所附属社会調査・データアーカイブ研究センターに設置されている SSJ データアーカイブに収録されています。

　SSJ データアーカイブでは、統計調査、社会調査の調査個票データを収集・保管しており、学術目的であれば必要なデータを利用することができます。

　詳細については、http://csrda.iss.u-tokyo.ac.jp をご参照ください。

資料1 地域経済の振興に取り組む中小企業に関するアンケート | *231*

資料1 地域経済の振興に取り組む中小企業に関するアンケート

＜記入上のお願い＞

> 1 このアンケートには、経営者ご本人がお答えください。
> 2 複数の企業を経営されている場合は、このアンケートのあて先になっている企業についてお答えください。
> 3 ご回答に当たっては、該当する選択肢の番号に○を付けてください。また、□や（ ）のなかには、数字または具体的な内容をご記入ください。

Ⅰ **貴社についてうかがいます。**

問1 貴社の組織形態は次のうちどれですか。

　　　1 個人企業　　　　　2 株式会社　　　3 有限会社
　　　4 NPO 法人　　　　　5 その他の法人（具体的に：　　　　　　　　）

問2 貴社の業種をお答えください。複数の事業を営んでいる場合は、最も売上高が大きい業種をお答えください。

　　　1 建設業　　　　　　2 製造業　　　　　3 情報通信業
　　　4 運輸業　　　　　　5 卸売業　　　　　6 小売業
　　　7 飲食店　　　　　　8 宿泊業　　　　　9 医療、福祉
　　　10 教育、学習支援業　11 物品賃貸業　　　12 サービス業（9〜11以外）
　　　13 不動産業　　　　　14 その他（具体的に：　　　　　　　　）

問3 販売先についてうかがいます。

（1）商圏の範囲として最も当てはまるものを一つお答えください。

　　　1 事務所や店舗の近隣　2 同じ市区町村内　3 同じ都道府県内
　　　4 近隣の都道府県　　　5 日本国内　　　　6 海外

（2）主な販売先は「事業所（企業・官公庁など）」と「一般消費者」のどちらですか。

　　　1 事業所（企業・官公庁など）　　　　　2 一般消費者

問4 事業を開始した年（西暦）をお答えください。法人を設立する前に個人で事業を営んでいた場合は、個人で事業を始めた年をお答えください。

　　　西暦　□□□□　年

問5 現在の従業員数をご記入ください。該当者がいない場合は、「0」とご記入ください。

経営者本人	家族従業員	常勤役員・正社員	パートタイマー・アルバイト	派遣社員・契約社員
1人	人	人	人	人

問6 事業所（店舗、事務所、工場など）の所在地はどこですか。事業所が複数ある場合は主な事業所（本店、本社、本所など）についてお答えください。

都道府県	市区町村

問7 事業所（店舗、事務所、工場など）は複数ありますか。複数ある場合は、2つ目以降の事業所の所在地について当てはまるものをすべて選んでください。

1 はい（複数ある）　　　　　　　2 いいえ（一つだけ）

　　　↓　2つ目以降の事業所の立地をお答えください。

1 主な事業所と同じ市区町村内　　2 主な事業所と同じ都道府県内（1以外）
3 日本国内（1、2以外）　　　　　4 海外

問8 主な事業所（本店、本社、本所など）の所在地の状況についてうかがいます。東京23区の場合は、主な事業所がある区についてお答えください。

(1) 主な事業所がある市区町村では、人口の高齢化はどの程度進んでいると思いますか。

1 全国平均よりも高齢化が進んでいる
2 全国平均と同じ程度に高齢化が進んでいる
3 全国平均ほどは高齢化は進んでいない

(2) 主な事業所がある市区町村では、地域経済は現在どのような段階にあると思いますか。

1 発展段階　　　　　2 成熟段階　　　　　3 衰退段階

(3) 主な事業所がある市区町村では、今後10年間に地域経済はどのように推移すると思いますか。

1 成長する　　　　　2 横ばい　　　　　3 縮小する

資料1　地域経済の振興に取り組む中小企業に関するアンケート　｜　*233*

問9　貴社は次に掲げる団体に加盟していますか。当てはまるものをすべて選んでください。

　　　1　商工会・商工会議所　　2　事業協同組合　　3　企業組合
　　　4　協業組合　　　　　　　5　商工組合　　　　6　商店街振興組合
　　　7　生活衛生同業組合　　　8　その他の組合　　9　中小企業家同友会
　　　10　青年会議所　　　　　　11　青色申告会　　　12　法人会
　　　13　ＮＰＯ法人　　　　　　14　その他（具体的に：　　　　　　　　　　）

Ⅱ　**経営者ご本人についてうかがいます。**

問10　あなたのプロフィールについてお答えください。

　　（1）性　　　別　　　　　1　男性　　　　　　　2　女性

　　（2）現在の年齢　　　　　□□　歳

　　（3）経営者になったときの年齢　　□□　歳

問11　あなたは何代目に当たりますか。

　　　1　創業者　　　　　　　2　二代目　　　　　　3　三代目
　　　4　四代目以降

問12　後継者は決まっていますか。

　　　1　決まっている(後継者本人が承諾している場合に限る)→問14へお進みください。
　　　2　決まっていない→問13へお進みください。

問13　後継者が決まっていない理由として、最も当てはまるものをお答えください。

　　　1　後継者にしたい人はいるが、本人が承諾していない
　　　2　後継者にしたい人はいるが、本人がまだ若い
　　　3　後継者の候補が複数おり、誰を選ぶかまだ決めかねている
　　　4　現在、後継者を探している
　　　5　自分の代で事業をやめるつもりである
　　　6　自分がまだ若いので、今は後継者を決める必要がない
　　　7　その他（具体的に：　　　　　　　　　　　　　　）

Ⅲ　地域経済を振興する活動に対する貴社の関与状況をうかがいます。

┌───┐
企業としてではなく、経営者ご本人が個人的に関与している活動について
は、問18でおうかがいします。
└───┘

問14

(1) 貴社は地域経済を振興する活動に関わっていますか。回答欄の１～12の選択肢
のなかから当てはまるものすべての番号に○を付けてください。

(2) ○を付けた活動に関わるようになった年（西暦）をご記入ください。

(1) 関わっている活動	(2)その活動に関わるようになった年（西暦）
1　地場産業・伝統産業の振興	年
2　農商工連携の推進や地域産品など地域資源の活用・販売	年
3　観光の振興	年
4　商店街・中心市街地の活性化	年
5　新産業の創出	年
6　創業支援	年
7　中小企業への経営支援	年
8　異業種交流や産官学連携	年
9　地元への移住の促進	年
10　企業・事業所・工場等の誘致	年
11　その他（具体的に：　　　　　　　　）	年
12　関与していない	→問17へお進みください。

問15　問14（1）で１～11のいずれかに○を付けた方にうかがいます。「12　関与して
いない」と回答した方は問17へお進みください。

(1) 問14（1）で○を付けた活動のうち、貴社が最も力を入れているものはどれで
すか。その選択肢の番号をご記入ください。

最も力を入れている活動　[　　　]

(2) その活動の内容を具体的にご記入ください。

活動内容（具体的に）[　　　　　　　　　　　　　]

問16　問15（1）で回答された「最も力を入れている活動」についてうかがいます。

(1) その活動に関わったのはなぜですか。最も当てはまるものを一つだけお答えく
ださい。

1　自社の業績向上に直結するから

資料1　地域経済の振興に取り組む中小企業に関するアンケート | *235*

　2　長い目で見れば自社の利益になると思うから
　3　自社の評判が高まると思うから　　4　従業員のやる気が高まるから
　5　従業員を確保しやすくなるから　　6　地域の企業として当然のことだから
　7　活動自体が面白いから
　8　この活動をするための企業（団体）だから
　9　加入している団体等が決めたことだから
　10　知人等に誘われたから　　　　　　11　つきあいだから
　12　その他（具体的に：　　　　　　　　　　　　　　　　　）

(2) 貴社はその活動のなかでどのような役割を果たしていますか。最も当てはまる
　　ものをお答えください。

　1　リーダー　　　　　　　2　主要メンバー　　3　その他の実働メンバー
　4　名前だけのメンバー　　5　メンバー以外の協力者

(3) その活動では公的な補助金や助成金を利用していますか。①活動が始まったこ
　　ろと②現在に分けてお答えください。

　①　活動が始まったころ　　1　利用した　　　　2　利用しなかった
　②　現在　　　　　　　　　1　利用している　　2　利用していない

(4) その活動を行うに当たって不足しているものはありますか。当てはまるものを
　　すべてお答えください。

　1　メンバー・協力者の数　　　　　　2　メンバー・協力者の多様性
　3　メンバー・協力者の結束　　　　　4　資金
　5　適格なリーダー　　　　　　　　　6　組織のもつ実行力
　7　アイデアや企画力　　　　　　　　8　情報発信力
　9　地方自治体の協力・支援　　　　　10　地域住民の理解
　11　明確なビジョン・活動目的の共有 12　人的ネットワーク
　13　その他（具体的に：　　　　　　　　　　　　　　　　　）
　14　とくにない

(5) その活動はどの程度の成果が上がっていますか。

　1　十分な成果が上がっている　　　2　ある程度は成果が上がっている
　3　あまり成果が上がっていない　　4　まったく成果が上がっていない

(6) その活動の今後の見通しについてどう思われますか。

　1　十分な成果が期待できる　　　　2　ある程度の成果は期待できる
　3　あまり成果は期待できない　　　4　まったく成果は期待できない

問17 次に掲げる地域経済を振興する活動のうち、現在は貴社が関わっていないものの、今後関わりたいと考えているものはありますか。当てはまるものをすべてお答えください。

  1 地場産業・伝統産業の振興
  2 農商工連携の推進や地域産品など地域資源の活用・販売
  3 観光の振興   4 商店街・中心市街地の活性化
  5 新産業の創出   6 創業支援
  7 中小企業への経営支援 8 異業種交流や産官学連携
  9 地元への移住の促進 10 企業・事業所・工場等の誘致
  11 その他（具体的に：   ）
  12 とくにない

Ⅳ 地域経済を振興する活動のうち、あなた（経営者ご本人）が企業としてではなく、個人的に関与している活動についてうかがいします。

問18

(1) あなたは、Ⅲで回答された<u>企業としての活動とは別に</u>、地域経済を振興する活動に関わっていますか。回答欄の1～12の選択肢のなかから、<u>個人として</u>関わっているものすべての番号に○を付けてください。

(2) ○を付けた活動に関わるようになった年（西暦）をご記入ください。

（1）関わっている活動	(2)その活動に関わるようになった年（西暦）			
1 地場産業・伝統産業の振興				年
2 農商工連携の推進や地域産品など地域資源の活用・販売				年
3 観光の振興				年
4 商店街・中心市街地の活性化				年
5 新産業の創出				年
6 創業支援				年
7 中小企業への経営支援				年
8 異業種交流や産官学連携				年
9 地元への移住の促進				年
10 企業・事業所・工場等の誘致				年
11 その他（具体的に： ）				年
12 関与していない	→問21へお進みください。			

資料1　地域経済の振興に取り組む中小企業に関するアンケート ｜ *237*

問19　問18（1）で1～11のいずれかに○を付けた方にうかがいます。「12　関与して
　　　いない」と回答した方は問21へお進みください。

（1）問18（1）で○を付けた活動のうち、あなたが最も力を入れているものはどれ
　　　ですか。その選択肢の番号をご記入ください。

　　　最も力を入れている活動　　[　　　　]

（2）その活動の内容を具体的にご記入ください。

　　　活動内容（具体的に）　　[　　　　　　　　　　　　　　　　　　　　　]

問20　問19（1）で回答された「最も力を入れている活動」についてうかがいます。

（1）その活動はどのような形態で行っていますか。

　　　1　寄付など自分だけでできることを行っている
　　　2　自らまたは仲間と法人・組合を設立して活動を行っている
　　　3　既存の法人・組合に参加して活動を行っている
　　　4　自らまたは仲間と任意団体を設立して活動を行っている
　　　5　既存の任意団体に参加して活動を行っている
　　　6　その他（具体的に：　　　　　　　　　　　　　　　　　　）

（2）その活動に関わったのはなぜですか。最も当てはまるものを一つだけお答えく
　　　ださい。

　　　1　経営する企業にとって必要な活動だから
　　　2　経営する企業の評判が高まると思うから
　　　3　地元で事業を営む者としての義務だと思うから
　　　4　地域経済の振興に住民として役立ちたいから
　　　5　活動自体が面白いから　　　　　6　加入している団体等が決めたことだから
　　　7　知人等に誘われたから　　　　　8　つきあいだから
　　　9　その他（具体的に：　　　　　　　　　　　　　　　　　　）

（3）あなたはその活動のなかでどのような役割を果たしていますか。最も当てはま
　　　るものをお答えください。

　　　1　リーダー　　　　　2　主要メンバー　　　3　その他の実働メンバー
　　　4　名前だけのメンバー　　5　メンバー以外の協力者

(4) その活動では公的な補助金や助成金を利用していますか。①活動が始まったころ
と②現在に分けてお答えください。

① 活動が始まったころ 　1　利用した 　　　　2　利用しなかった
② 現在 　　　　　　　　1　利用している 　　2　利用していない

(5) その活動を行うに当たって不足しているものはありますか。当てはまるものを
すべてお答えください。

1　メンバー・協力者の数 　　　　　2　メンバー・協力者の多様性
3　メンバー・協力者の結束 　　　　4　資金
5　適格なリーダー 　　　　　　　　6　組織のもつ実行力
7　アイデアや企画力 　　　　　　　8　情報発信力
9　地方自治体の協力・支援 　　　　10　地域住民の理解
11　明確なビジョン・活動目的の共有　12　人的ネットワーク
13　その他（具体的に：　　　　　　　　　　　　　　　）
14　とくにない

(6) その活動はどの程度の成果が上がっていますか。
1　十分な成果が上がっている 　　　2　ある程度は成果が上がっている
3　あまり成果が上がっていない 　　4　まったく成果が上がっていない

(7) その活動の今後の見通しについてどう思われますか。
1　十分な成果が期待できる 　　　　2　ある程度の成果は期待できる
3　あまり成果は期待できない 　　　4　まったく成果は期待できない

問21　次に掲げる地域経済を振興する活動のうち、現在は関わっていないものの、個
人として今後は関わりたいと考えているものはありますか。当てはまるものを
すべてお答えください。

1　地場産業・伝統産業の振興
2　農商工連携の推進や地域産品など地域資源の活用・販売
3　観光の振興 　　　　　　　　　　4　商店街・中心市街地の活性化
5　新産業の創出 　　　　　　　　　6　創業支援
7　中小企業への経営支援 　　　　　8　異業種交流や産官学連携
9　地元への移住の促進 　　　　　　10　企業・事業所・工場等の誘致
11　その他（具体的に：　　　　　　　　　　　　）
12　とくにない

V 問14（1）と問18（1）でいずれも「12　関与していない」と回答された方（企業としても個人としても地域経済を振興する活動に関わっていない方）にうかがいます。

それ以外の方は問23へお進みください。

問22　地域経済を振興する活動に関わっていないのはなぜですか。当てはまるものをすべてお答えください。

　　　1　経済的に余裕がないから　　　　2　時間の余裕がないから
　　　3　体力的に本業と両立するのが難しいから
　　　4　人材の確保が難しいから　　　5　活動資金の確保が難しいから
　　　6　活動の成果が見えにくいから　　7　何をやればよいか分からないから
　　　8　ノウハウがないから
　　　9　活動を行ったとしても、どうせ成果はあがらないと思うから
　　　10　本業を発展させることが地域経済の振興につながるから
　　　11　すでに地域経済が十分に振興されているから
　　　12　その他（具体的に：　　　　　　　　　　　　　　　）

VI　**貴社の現状と今後の方針について、全員にうかがいます。**

問23　「10年前」と「現在」の年間売上高をご記入ください。なお、10年前には事業を営んでいない場合は「事業を始めてから1年間」の年間売上高をご記入ください。

　　（1）　10年前の年間売上高　□□□□億□□□□万円

　　　　　※10年前には事業を営んでいない場合は「事業を始めてから最初の1年間」の年間売上高をご記入ください。

　　（2）　現在の年間売上高　□□□□億□□□□万円

問24　現在の売上状況をお答えください。

　　　1　増加傾向　　　　　2　横ばい　　　　　3　減少傾向

問25　現在の採算状況をお答えください。

　　　1　黒字基調　　　　　2　赤字基調

問26　現在の業況（事業の状況）はいかがですか。

　　　1　良い　　　2　やや良い　　　3　やや悪い　　　4　悪い

問27　今後の事業規模についてどのようにしたいとお考えですか。

　　　1　拡大したい　　　　　　2　現状維持でよい　3　縮小したい

問28　主な事業所（本店、本社、本所など）の立地について、今後どのようにしたいとお考えですか。

　　　1　現在の市区町村にとどまる　　　　2　現在とは別の市区町村に移転する

問29　今後、新たに事業所を増設する予定はありますか。予定がある場合は、増設する事業所の立地について当てはまるものを<u>すべて</u>お答えください。

　　　1　<u>ある</u>　　　　　　　　2　ない

　　　　　　↓　増設する事業所の立地をお答えください（当てはまるものすべて）

　　　1　主な事業所と同じ市区町村内　　2　主な事業所と同じ都道府県内（1以外）

　　　3　日本国内（1、2以外）　　　　4　海外

　これで質問は終わりです。このアンケート票は同封しました返信用封筒（切手不要）に入れてご返送ください。ご協力ありがとうございました。

資料２ 集計ウェイトの作成について │ *241*

資料２　集計ウェイトの作成について

　第２章で分析した「地域経済の振興に取り組む中小企業に関するアンケート」の回答企業は実際の企業分布と比べて、製造業及び従業者20人以上の企業の構成比が高い。このような偏りを調整し、実際の企業分布に近似した集計を行うために、集計ウェイトを利用した。その作成方法は以下のとおりである。

①アンケート回答企業の分布

（単位：社）

	1～9人	10～19人	20人以上	合計
建設業	588	102	93	783
製造業	324	154	564	1,042
情報通信業	18		61	
運輸業，郵便業	77	30	100	207
卸売業	325	80	134	539
小売業	506	80	101	687
不動産業，物品賃貸業	145	23	20	188
学術研究，専門・技術サービス業	169	34		203
宿泊業，飲食サービス業	214	38	50	302
生活関連サービス業，娯楽業	125	25	25	175
教育，学習支援業	21		15	36
医療，福祉	112	23	28	163
その他のサービス業	150	31	50	231
その他	56	8	12	76
全産業（公務を除く）	2,839	628	1,226	4,693

②「経済センサス－基礎調査」（2014年）による企業の分布

（単位：社）

	1～9人	10～19人	20人以上	合計
建設業	372,657	54,627	28,894	456,178
製造業	295,746	54,517	67,340	417,603
情報通信業	36,635		9,576	46,211
運輸業，郵便業	37,862	13,363	23,497	74,722
卸売業	177,128	28,090	27,602	232,820
小売業	573,305	56,432	44,377	674,114
不動産業，物品賃貸業	307,705	7,802	6,336	321,843
学術研究，専門・技術サービス業	173,263	22,509		195,772
宿泊業，飲食サービス業	481,941	39,383	25,227	546,551
生活関連サービス業，娯楽業	355,188	14,826	15,386	385,400
教育，学習支援業	109,919		10,173	120,092
医療，福祉	198,799	50,777	50,829	300,405
その他のサービス業	207,304	20,280	26,087	253,671
その他	49,925	8,970	8,323	67,218
全産業（公務を除く）	3,361,975	377,892	352,733	4,092,600

資料：総務省「経済センサス－基礎調査」（2014年）企業等に関する集計 第９-１表
（注）「合計」には「出向・派遣従業者のみ」の企業を含まない。

③集計ウェイト

上記②の表を同①の表の対応するセルごとに除して集計ウェイトを算出した。なお、一部の業種については十分なサンプル数が得られないことから、従業者規模のセルを統合して集計ウェイトを算出した。

	1～9人	10～19人	20人以上
建設業	633.8	535.6	310.7
製造業	912.8	354.0	119.4
情報通信業	852.0		532.0
運輸業，郵便業	491.7	445.4	235.0
卸売業	545.0	351.1	206.0
小売業	1133.0	705.4	439.4
不動産業，物品賃貸業	2122.1	339.2	316.8
学術研究，専門・技術サービス業	1025.2		662.0
宿泊業，飲食サービス業	2252.1	1036.4	504.5
生活関連サービス業，娯楽業	2841.5	593.0	615.4
教育，学習支援業	5234.2		678.2
医療，福祉	1775.0	2207.7	1815.3
その他のサービス業	1382.0	654.2	521.7
その他	891.5	1121.3	693.6

資料3　アンケート回答企業の主な属性等

1　企業の属性等

①従業者規模

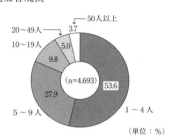

(単位：%)

②業歴

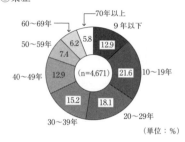

(単位：%)

③業種　　　　　　　　　　　　　　　　(単位：%)

大分類業種	(n=4,693)
建設業	11.2
製造業	10.2
情報通信業	1.1
運輸業、郵便業	1.8
卸売業	5.7
小売業	16.5
不動産業、物品賃貸業	7.9
学術研究、専門・技術サービス業	4.8
宿泊業、飲食サービス業	13.4
生活関連サービス業、娯楽業	9.4
教育、学習支援業	2.9
医療、福祉	7.3
その他のサービス業	6.2
その他	1.6
合計	100.0

④加入団体（複数回答）

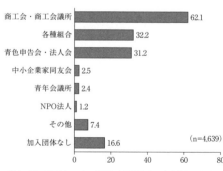

⑤現在の業況

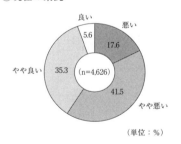

(単位：%)

(注)　「各種組合」には、生活衛生同業組合、商店街振興組合、商工組合、事業協同組合などが含まれる。

資料：日本政策金融公庫「地域経済の振興に取り組む中小企業に関するアンケート」（以下同じ）
(注)　ウェイト付け後の集計結果である。ただし、n値は原数値を示している（以下同じ）。

2 経営者の属性等
①現在の年齢

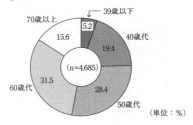

(単位:%)

②後継者の決定状況等による分類

(単位:%)

分類	選択肢	(n=4,631)	
決定企業	後継者は決まっている（後継者本人も承諾している）	26.9	
未定企業 [事業承継の意向はあるが、後継者が決まっていない企業]	後継者は決まっていない	30.6	
	後継者の候補が複数おり、誰を選ぶかまだ決めかねている		2.6
	後継者にしたい人はいるが、本人がまだ若い		10.8
	現在、後継者を探している		9.7
	後継者にしたい人はいるが、本人が承諾していない		5.0
	その他		2.5
廃業予定企業	自分の代で事業をやめるつもりである	27.3	
時期尚早企業	自分がまだ若いので、今は決める必要がない	15.2	
合計		100.0	

3 立地する市町村
①人口規模　　　　　　　　②人口増加率（1995年→2015年）

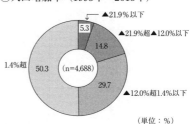

(注) 1 国勢調査（2015年速報値）による。
　　 2 東京特別区部は「100万人以上」に含めた。

(注) 人口増加率の分類は、全国1,741市区町村の人口増加率の四分位点によって設定したものである。市区町村ベースの人口増加率の分布は参考1を参照。

資料3　アンケート回答企業の主な属性等 | 245

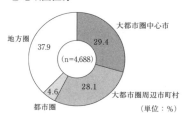

③地域圏区分

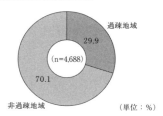

④過疎地域指定状況

(参考1)　全国1,741市区町村の人口増加率（1995年→2015年）の分布

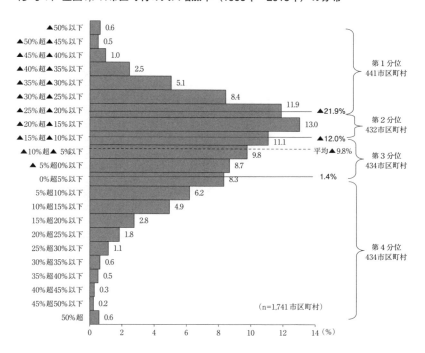

資料：総務省「国勢調査」
(注) 2015年の人口は速報値を用いた。2015年時点の市区町村による集計である。

（参考2）地域圏区分について

・　総務省「国勢調査」では、広域的な都市地域を規定するために、行政区域を越え
た地域区分として「大都市圏」「都市圏」を設定している。
・　「大都市圏」「都市圏」は、「中心市」およびこれに社会・経済的に結合している
「周辺市町村」によって構成される。
・　「大都市圏」の「中心市」は、東京都特別区及び政令指定都市である。「都市圏」
の「中心市」は、「大都市圏」に含まれない人口50万人以上の市である。
・　「周辺市町村」は、「大都市圏」及び「都市圏」の「中心市」への15歳以上通勤・
通学者数の割合が、当該市町村の常住人口の1.5％以上であり、かつ中心市と連接し
ている市町村である。
　　ただし、「中心市」への15歳以上通勤・通学者数の割合が1.5％未満の市町村で
あっても、その周囲が「周辺市町村」の基準に適合した市町村によって囲まれてい
る場合は、「周辺市町村」とされる。
・　「国勢調査」（2010年）における「大都市圏」、「都市圏」とその「中心市」、「周辺
市町村」の数は次のとおりである。

大都市圏・都市圏		中心市	周辺市町村の数
大都市圏	札幌大都市圏	札幌市	11
	仙台大都市圏	仙台市	30
	関東大都市圏	さいたま市、千葉市、東京特別区部、横浜市、川崎市、相模原市	185
	新潟大都市圏	新潟市	14
	静岡・浜松大都市圏	静岡市、浜松市	12
	中京大都市圏	名古屋市	89
	近畿大都市圏	京都市、大阪市、堺市、神戸市	128
	岡山大都市圏	岡山市	16
	広島大都市圏	広島市	14
	北九州・福岡大都市圏	北九州市、福岡市	61
都市圏	宇都宮都市圏	宇都宮市	22
	松山都市圏	松山市	7
	熊本都市圏	熊本市	25
	鹿児島都市圏	鹿児島市	10

・　本調査の分析においては、「大都市圏周辺市町村」と「都市圏周辺市町村」の両
方に属する市町村は「大都市圏周辺市町村」に分類した。また、「大都市圏」「都市
圏」以外の市町村を「地方圏」とした。

地域経済の振興と中小企業

2016年7月15日　発行（禁無断転載）

編　者　Ⓒ日本政策金融公庫
　　　　　　総合研究所
発行者　脇　坂　康　弘

発行所　株式会社 同 友 館
〒113-0033東京都文京区本郷3-38-1
本 郷 信 徳 ビ ル 3F
電話　03(3813)3966
FAX　03(3818)2774
http://www.doyukan.co.jp/
ISBN 978-4-496-05213-2

落丁・乱丁本はお取替えいたします。